MISSIONALE
LEITER MULTIPLIZIEREN

Von halbherzigem Freiwilligen-Einsatz zur Reich-Gottes-Armee

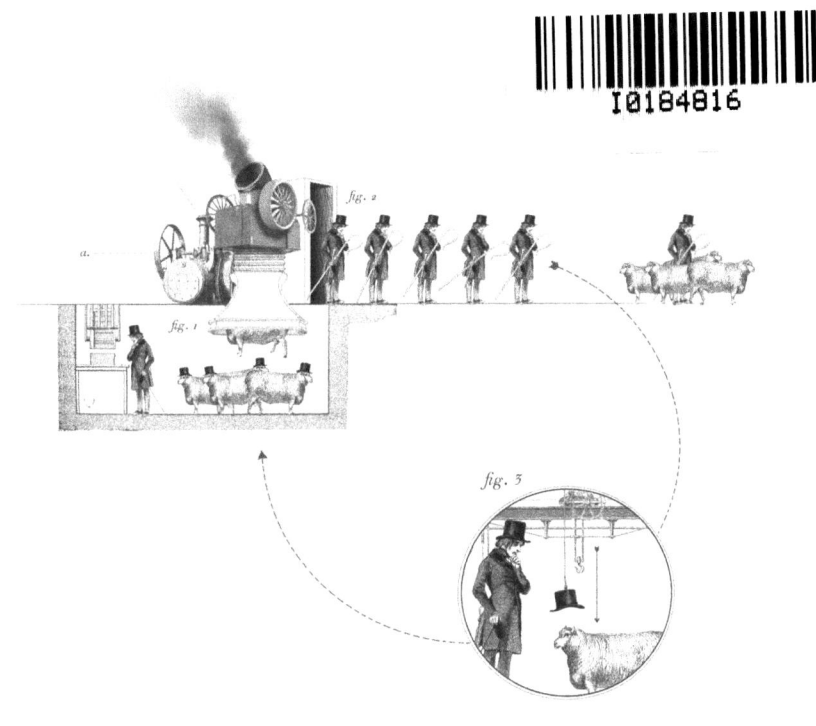

Mike Breen und das 3DM-Team

MISSIONALE LEITER MULTIPLIZIEREN
© Copyright 2012 by Mike Breen

Alle Rechte vorbehalten. Auszugsweise Reproduktion dieses Buches erfolgt nur mit schriftlicher Genehmigung. Davon ausgenommen sind kurze Zitate in Büchern oder Buchbesprechungen. Wenden Sie sich für Auskunft an: 3 Dimension Ministries, PO Box 719, Pawleys Island, SC, 29585 oder www.3dmovements.com

Die Bibelzitate aus dem Alten Testament sind der Schlachter-Bibel (Version 2000; 2002, © Genfer Bibelgesellschaft, Romanel-sur-Lausanne) und aus dem Neuen Testament der Neuen Genfer Übersetzung (2009, © Genfer Bibelgesellschaft, Romanel-sur-Lausanne) entnommen.

Deutsche Ausgabe
1. Ausgabe
2014 Copyright by Mike Breen

Einbandgestaltung: Blake Berg
Innengestaltung: Pete Berg

Übersetzung und Lektorat: Susanne Thun
Korrektorat: Peter Feller

Projektverantwortung der deutschen Übersetzung der 3D-Ministry-Bücher: Stephan Ramp, Vineyard Zürich

ISBN: 978-0-9965300-6-4

WIDMUNG

Dieses Buch ist jedem gewidmet, der zur „The Order of Mission" gehört. Hier wird berichtet, wie jeder von euch Tag für Tag sein Leben bestreitet.

DANK

Mein besonderer Dank geht an das Content-Team (für den Inhalt der Veröffentlichungen verantwortlich): Doug Paul, den inhaltlichen Leiter, der bei unserer Zusammenarbeit an diesem Projekt unermüdlich Ideen, Manuskripte und ständige Anpassungen durchgearbeitet hat; Robert Neely, unseren brillanten Textkorrektor, der Wunder ohne Ende liefern kann; Blake und Pete Berg, die durch das Layout und die Einbandgestaltung so Vieles vom Inhalt haben lebendig werden lassen; Brandon Schaeffer, Dave Rhodes und Helen Cockram für ihre vielseitige, extrem hilfreiche Unterstützung. Und an alle anderen vom 3DM-Team, durch die dieses Projekt Realität wurde.

INHALTSVERZEICHNIS

Einleitung:
Die Geschichte von den zwei Städten I

Kapitel 1:
Einstecken und los — das Problem 1

Kapitel 2:
Der missionale Leiter. 9

Kapitel 3:
Der Charakter 23

Kapitel 4:
Kompetenz 47

Kapitel 5:
Pipelines 61

Kapitel 6:
Motoren + Häuser 81

Kapitel 7:
Bund und Kapital. 107

Kapitel 8:
Schaffe eine Kultur geteilter Leiterschaft 117

Kapitel 9:
Erneuerung, Aussenskelette und brachliegendes Land 131

VORWORT VON JON TYSON

Die westliche Kirche befindet sich in einer entscheidenden Zeit. Alle Denominationen erleben starke Rückgänge. Wöchentlich schliessen Kirchen ihre Türen, und trotz allem, was wir über den missionalen Lebensstil zu sagen haben, plätschern viele Gemeinden vor sich hin und wissen nicht, was sie als Nächstes tun sollen.

Kurzer Einblick in die Gemeindegründungs-Diskussion. Viele glauben, die einfache Lösung für dieses Problem liege darin, mehr Gemeinden zu gründen. Dementsprechend legen wir die Vision fest, suchen eine Stadt aus, bilden das Team, bringen das Geld zusammen, klären das Leitbild, und los geht's.

Unterdessen läuft der Gemeindegründungs-Trend schon mehrere Jahre, und eine Vielzahl von Leitern erkennt, dass das Problem nicht gelöst ist. Evangeliums-Bewegungen ins Leben zu rufen, ist nicht so einfach wie gute Theologie, kontextrelevantes Predigen oder einladende Kleingruppen. Viele, die mit brennendem Eifer losgelegt haben, zeigen Ermüdungserscheinungen in ihrem Kampf beim Umsetzen der ihnen von Gott aufs Herz gelegten Vision im realen Umfeld. Schlussendlich führen viele einfach alte, ineffiziente Paradigmen wieder ein oder imitieren Erfolgsrezepte berühmter Pastoren. Oft ist es das Letzte, was wir brauchen können.

Worauf sollen wir uns also fokussieren? Wie können wir vorwärtskommen und echte Erneuerung in der westlichen Kirche erleben — und eine Bewegung, die darüber hinaus geht? Geht es um bessere Predigten? Geht es um bessere Räumlichkeiten? Geht es um bessere soziale Medien? Geht es um bessere Programme? All diese Dinge haben eine wichtige unterstützende Funktion, aber sie greifen zu kurz.

Meines Erachtens gibt es einen einfachen, aber gleichzeitig tiefgründigen und schwierigen Schlüssel für die Zukunft der Kirche in der westlichen Welt. Er liegt in einer mächtigen Rückkehr zum Herzensanliegen von Jesus: Menschen zu Jüngern zu machen und sie zu missionalen Leitern zu multiplizieren.

Schaut euch an, wie Jesus diesen Dienst ausgeführt hat. Er predigte den Menschenmengen Gottes Wort, liess sich aber von der Masse und seinem Erfolg nicht verführen. Er zeigte die Kraft des Heiligen Geistes durch Wunder in seinem Dienst, nutzte das aber nicht, um seine Beliebtheit anzukurbeln. Er zog weiter, wo er hätte bleiben und der Sache Schwung verleihen können. Beständig priorisierte er seine Zeit, Ressourcen, seine Lehre und Aufmerksamkeit für eine kleine Gruppe Leiter, denen er eines Tages die Schlüssel für sein Reich übergeben würde. In Johannes 17 sagte Jesus, er sei gekommen, um seine Jünger heranzubilden. Seine Aufforderung, Menschen zu Jüngern zu machen, ist das zentrale Anliegen seiner Mission.

Aber WIE machen wir Menschen zu Jüngern? Auch wenn uns klar ist, wie wichtig dieser Auftrag ist — wie formen wir sie? Was müssen sie wissen, wie müssen sie sein, und was müssen sie tun, um den Dienst auszuführen, den Jesus sich vorstellte? Und, um noch einen Schritt weiter zu gehen: Wie multiplizieren wir diese Jünger zu Leitern, die andere Leute bejüngern und für ihren Einflussbereich freisetzen können?

Hier kommt Mike Breen ins Spiel. Mike ist nicht nur Theoretiker im Multiplizieren missionaler Leiter. Er ist ein erprobter Leiter auf diesem Gebiet. Mike hat ein Buch verfasst, dass bewährte Prinzipien und Schlüssel aufzeigt, mit denen programmorientierte Gemeinden auf den Kopf gestellt und Gottes Herzensanliegen freigesetzt werden, indem seine Söhne und Töchter als Haushalter von Gottes Reich auf der Erde ausgerüstet und befähigt werden.

Dieses Buch enthält eine Vielzahl praktischer, einsichtsreicher, theologisch gut fundierter Strategien, die euch herausfordern, ausrüsten und befähigen werden, sodass ihr den Aufbau einer Bewegung missionaler Leiter in eurem Umfeld erleben könnt.

Ich denke, wir alle sehnen uns danach, zu einer Evangeliums-Bewegung zu gehören, die grösser ist als eine Persönlichkeit, Gemeinde oder Theologie; die den Ruhm und die Sache von Jesus auf dieser Welt vorantreibt. Dieses Buch wird der Bewegung entscheidenden Auftrieb geben.

Jon Tyson, Pastor
Trinity Grace Church New York

ZU DIESEM BUCH – VOR DEM LESESTART

Dieses Buch steht zwar für sich, ist aber Teil eines inhaltlichen Wegs, den das 3DM-Content-Team und ich für Teams vorsehen, die sich auf den zweijährigen Lerngemeinschafts-Prozess bei uns einlassen.

Die Bücher folgen dem Weg der Lerngemeinschaft. Jedes Buch baut auf dem Inhalt der vorhergehenden auf, und zwar in folgender Reihenfolge:

- Eine Jüngerschaftskultur aufbauen
- Missionale Leiter multiplizieren
- Leading Missional Communities (Missionale Gemeinschaften starten — deutsche Übersetzung etwa ab Frühling 2016 erhältlich)
- Leading Kindgom Movements (Königreich-Gottes-Bewegungen leiten — deutsche Übersetzung noch ausstehend)

Zum Ersten sind Teile dieses Buches etwas „dicht" und fühlen sich vielleicht an wie das Trinken aus einem Feuerlöschhydranten. Der Grund dafür: Wir haben das Buch so geschrieben und angelegt, dass du immer wieder darauf zurückgreifen kannst. Es soll eher Handbuch und praktisches Werkzeug sein.

Zum Zweiten stösst du möglicherweise auf eine „Insider-Sprache", die ich ab und zu in diesem Buch verwende, vor allem bei Rückverweisen auf das erste Buch. Ich denke aber, dass wir uns zusammen beim Erklären dieser Punkte die grösste Mühe gegeben haben, damit das Buch auch für sich gelesen werden kann. Als weitere Hilfestellung hier ein paar Begriffe, die wir immer wieder verwenden, um über ein gemeinsames Fundament zu verfügen.

Missionaler Leiter
Jemand, der das Volk Gottes dazu *bewegt*, an seinem Erlösungswerk in der Welt teilzuhaben.

Huddle
Ein Jüngerschaftsgefäss für *Leiter*, das Unterstützung, Herausforderung, Schulung und Verbindlichkeit bietet und von einem Leiter, der selbst bejüngert wurde geleitet wird.

Missionales Grenzgebiet
Orte oder Netzwerke von Leuten, an oder bei denen das Evangelium kaum vertreten ist und die eine Gelegenheit für ein stärkeres und vollständigeres Anbrechen von Gottes Reich sind.

Missionale Gemeinschaft
Eine Gruppe mit 20–50 Leuten, die als erweiterte Familie in der Mission unterwegs sind.

Charakter
Sein wie Jesus (die Innenwelt eines Menschen).

Kompetenz
Die Sachen machen, die Jesus tun konnte (die äussere Welt eines Menschen).

Jünger
Jemand, der lernt, wie Jesus zu **sein** und zu **tun**, was Jesus tun konnte. Infolgedessen ist ein Jünger jemand, dessen Leben und Dienst das Leben und den Dienst von Jesus widerspiegeln. Dallas Willard formuliert es mit den Worten: *Jüngerschaft ist der Prozess, in dem du zu dem Menschen wirst, der Jesus an deiner Stelle wäre.*

UP/IN/OUT
Wir sehen in den Evangelien, dass Jesus drei grosse Lieben hatte, die drei unterschiedlichen Dimensionen seines Lebens entsprechen:

- UP: Tiefe Verbundenheit und Beziehung zu seinem Vater und aufmerksames Achten auf die Führung des Heiligen Geistes
- IN: Beständiges Investieren in die Beziehungen mit den Menschen um ihn herum (Jünger)

- OUT: Hineingehen in die Zerbrochenheit der Welt, Ausschau halten nach der Reaktion einzelner Menschen (die in eine Beziehung zu Jesus und seinem Vater kommen) und Veränderungen auf Systemebene (ungerechte Systeme werden umgewandelt)

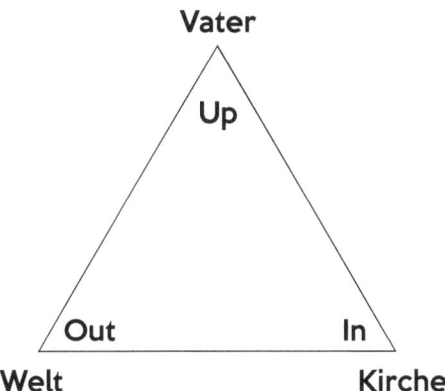

Dieses dreidimensionale Muster für ein ausgewogenes Leben tritt in der gesamten Bibel in Erscheinung und sollte sowohl im Leben des Einzelnen als auch in der Gemeinschaft umgesetzt werden.

EINLEITUNG: DIE GESCHICHTE VON DEN ZWEI STÄDTEN

Ich erinnere mich an die Zeit als junger Mann nach meinem Collegeabschluss. Ich hatte in verschiedenen Gemeinden meine Ausbildungszeit als Assistenzpfarrer absolviert, und jetzt wurde es Zeit für die erste Stelle als leitender Pastor. Während Sally und ich uns darüber Gedanken machten, wurden wir von einigen der besten Gemeinden in der Umgebung angefragt. Aber wir hatten den Eindruck, dass der Herr zu uns sagte: „Geht zu den Armen. Lebt in den ärmeren Vierteln."

Für uns war das eine Zeit intensiven Ringens. Schlussendlich, wie eigentlich immer, hat der Herr gewonnen. Wir zogen in einen der damals ärmsten Stadtbezirke in ganz Grossbritannien, eine Gegend in London namens Brixton Hill. Dort gab es eine winzige Gemeinde, die ums Überleben kämpfte, und wir waren die neuen Leiter.

Wir bereiteten uns so gut wie möglich auf das post-apokalyptische Minenfeld vor, das die ärmeren Gegenden von London damals darstellten. Wir nahmen Missionare und junge Leute mit. Wir betrieben intensiv Fundraising bei Leuten mit Geld. Obwohl wir mit einem Team ankamen, das bereit war, sich in die neue Aufgabe zu stürzen, wurden unsere Illusionen über den Dienst schnell zunichtegemacht.

Wir wären am liebsten sofort über die Zugbrücke wieder zurückgegangen. Wir mussten zum Beispiel zusehen, wie das Auto unseres direkten Nachbarn durch eine Benzinbombe in die Luft gejagt wurde. (Falls ihr nicht wisst, was das ist: Es handelt sich um einen Molotow-Cocktail, der für das Auto ein persönliches Hiroshima-Szenario auslöst.) Wie war es dazu gekommen? Unser Nachbar hatte Schulden nicht bezahlt. Ob ihr's glaubt oder nicht: In unserem Viertel herumzulaufen und dabei brennende Autos zu sehen war für uns nichts Ungewöhnliches.

Wir wussten nicht einmal, wie wir auf diese Art von Umgebung reagieren sollten.

Der Herr sagte zu uns: „Ich möchte, dass ihr barmherzig seid, aber ihr sollt auch strategisch sein. Ihr sollt herausfinden und verstehen, wo die Leute sind." Daraufhin begannen wir mit unseren wenigen Leuten, an Türen zu klopfen und Fragen zu stellen. Anstatt Entscheidungen zu treffen, was unsere Gemeinde und unser Team „für sie" tun sollten, beschlossen wir, unsere Nachbarn danach zu fragen, was wir ihrer Meinung nach „für sie" tun sollten.

Wir wurden strategisch und stellten den Leuten zwei Fragen. Zuerst fragten wir sie, was das Schlechteste am Leben in diesem Bezirk war. Als Zweites liessen wir sie beantworten, was sie auswählen würden, wenn wir eine Sache für sie tun könnten. Ihr könnt euch vorstellen, dass wir auf die zweite Frage alle möglichen Antworten bekamen: Kinderprogramme. Etwas für Teenager. Harmonie unter den Rassen. Bessere öffentliche Verkehrsmittel. Geschäfte vor Ort eröffnen. So ging die Liste immer weiter. Es herrschte nicht gerade Einigkeit.

Bei der ersten Frage dagegen tauchte etwas Überraschendes auf. Etwa 97 Prozent der Leute machten dieselbe Aussage darüber, was ihnen am wenigsten im Stadtbezirk gefiel.

Abfall.

Abfall.

Lasst uns das mal im Kontext anschauen.

Dieser Ort hatte die höchste Kindersterblichkeit in ganz Europa. Täglich wurden Menschen ohne Grund auf der Strasse zusammengeschlagen und in ihrer Blutlache liegen gelassen. Raubüberfälle, Vergewaltigungen und Brutalität waren allgegenwärtig. Benzinbomben. Analphabetentum. Unglaublich hohe Arbeitslosigkeit.

Der Abfall auf den Strassen? Im Ernst?
Aber da hatten wir es. Abfall auf den Strassen.

Nachdem wir über 600 Befragungen gebrütet hatten, kamen wir zusammen und schauten in die Runde. In diesem Bezirk war extrem stark der Wunsch geäussert worden, dass jemand, irgendjemand, etwas gegen den Abfall auf den Strassen unternehmen sollte. Wir beteten, dachten darüber nach und hatten den Eindruck, dass der Herr etwas über Brixton Hill sagte.

Ich möchte versuchen, die von uns gehörte Botschaft zusammenzufassen: Dieser Stadtbezirk war eine sogenannte „Senkgruben"-Siedlung. Fast alles gehörte zu den Projekten des sozialen Wohnungsbaus. Man konnte dort nur herauskommen, wenn man sich herauskaufte (niemand dort hatte Geld) oder die Wohnung gegen eine andere in einer schöneren Sozialsiedlung eintauschte (niemand wollte sich auf einen solchen Tausch einlassen). Dementsprechend hatten die Leute dort das Gefühl, sich auf dem Boden des Mülleimers zu befinden und nie herauszukommen.

Die Menschen in Brixton Hill fühlten sich wie der schmutzige Kaugummi am Schuh der Welt, wie der Abschaum der Erde. Ihre Umgebung bestätigte diese Botschaft täglich, weil wirklich überall Abfall herumlag.

Vielleicht haben sie uns deshalb gesagt, wir sollten etwas gegen den Abfall auf den Strassen unternehmen.

Eine Gemeinde weiter unten auf der Strasse hatte mit sogenannten Jesus-Märschen gestartet. Als Imitation und Innovation dieser Idee fingen wir als ganze Gemeinde mit 40 Leuten mit einem Lobpreis- und Abfall-Marsch an. Nach dem Gottesdienst am Sonntag verzehrten wir unser Picknick und schnappten uns einen Ghettoblaster. Erinnert ihr euch noch daran? Es war ein Stereogerät, ungefähr so gross wie ein Buick. Es hatte einen Kassettenrekorder mit riesigen Lautsprechern. Wir banden ihn auf einem Buggy fest, den meine Kinder kurz vorher hinter sich gelassen hatten, und dekorierten ihn mit Ballonen.

BALLONE. Keine Ahnung, was das sollte!

Unser Marsch wurde von einem ballongeschmückten Ghettoblaster auf einem Buggy angeführt. Dazu lief eine Aufnahme von mir auf meiner zwölfseitigen Gitarre und meinem Freund am Keyboard. So bewegten wir uns die Strasse entlang. Es war total schrecklich. Furchtbar. Als wir das alles die Strasse hinunterschoben, schauten mich alle erwartungsvoll an: Ich sollte das Singen leiten. Schliesslich war es ein Lobpreis- und Abfall-Marsch.

Bei einem Marsch in England muss auch ein Polizist dabei sein. Der Bobby (so heissen bei uns in England die Polizisten) lief also neben uns her, beobachtete mich und erwartete, dass ich mich richtig ins Zeug legte. Ich sang, allerdings mit ziemlich kleinlauter Stimme. Man konnte mich kaum hören.

Nach und nach kamen wir aber doch in Schwung. Wir holten die Müllsäcke, -eimer und -tonnen hervor, marschierten singend die Strasse entlang und sammelten den Abfall ein.

Schliesslich bewegten sich die Vorhänge der nahegelegenen Häuser.

Wir konnten sehen, wie nach und nach Vorhänge aufgezogen wurden und Leute sehen wollten, was um alles in der Welt da los war. Dann kamen auch Leute vor die Haustür. Ein Mann mit Cockney-Akzent schaute mich an und sagte: „He, Pastor! Pastor! Was machn Sien da?"

Ich ging auf ihn zu und sagte: „Wir sammeln Abfall ein."

„NEIN!" (Wieder mit dem sehr ausgeprägten Cockney-Akzent.)

„Doch", entgegnete ich.

„NEIN!"

„Doch."

„Nein!"

„Wissen Sie noch, als wir die Umfrage gemacht haben?"

„Klar doch."

„Erinnern Sie sich, wie wir von allen die Antworten notiert haben?"

„Klar doch."

„Also, wir haben herausgefunden, dass alle finden, der Abfall ist das grösste Problem. Deshalb haben wir beschlossen, ihn einzusammeln."

„NEIN!" Dann rief der Mann zu seiner Frau hoch: „Hey, Schatz, komm mal runter. Der Pastor trägt einen Gummihandschuh!"

Seine Frau kam die Treppe herunter. „Ahhh, Pastor, was machen Sie denn?"
„Wir sammeln den Abfall ein."

„NEIN!"

„Wissen Sie noch, als wir die Umfrage gemacht haben?"

„Klar doch."

„Dass Sie gesagt haben, Sie fänden den Müll nicht gut?"

„Klar doch."

„Also, wir haben gedacht, wir sammeln ihn ein."

„NEIN!"

Sie meinte: „Warten Sie hier, Herr Pfarrer. Wir machen den Wasserkocher an und trinken einen Tee zusammen." Sie ging ins Haus, rief ihre Nachbarin und wir tranken zusammen Tee. Dann kamen mehr Leute aus noch mehr Häusern und wir tranken noch mehr Tee, und für die Kinder gab es Orangensaft und Kekse. Es war wie in England zur Zeit des Zweiten Weltkriegs. Einige Leute machten beim Abfallsammeln mit und so ging der Marsch weiter.

Das machten wir regelmässig und konnten so wirklich etwas bewirken. Die Leute wussten, dass wir nicht alles einsammeln konnten. Das war unmöglich. Aber wir taten etwas. Und komischerweise fühlte sich die Stadtregierung angesprochen und schickte uns regelmässig Leute zum Mithelfen.

Einmal war ich gerade dabei, Glas in der Nähe eines Kinderspielplatzes einzusammeln, als ein Typ auf mich zukam und meinte: „Okay, Pastor, jetzt weiss ich's. Jetzt bin ich drauf gekommen."

„Was denn?" fragte ich ihn.

„Ich bin jetzt drauf gekommen. Sie sind sehr schlau, stimmt's?"

„Was meinen Sie?"

„Es ist eine von diesen Parabeln."

„Eine was?"

„Eine Parabel. Sie wissen schon, eine von diesen Geschichten, die Jesus erzählt – eine Parabel."

„Ach so, O.K. Was meinen Sie denn, was ich damit sagen möchte?"

„Sie machen etwas, um uns zu zeigen, was Gott in unserem Leben tun will. Sie sagen, dass Gott unsere Herzen sauber machen will."

Ich war überrascht. „Äh… hmmm… ja!"

„Wie kann ich das machen, Herr Pfarrer?"

Es war einfach: Ich führte ihn genau dort zu Christus.

Unsere Gemeinde machte mit solchen Sachen weiter: Menschen im Stadtviertel zuhören. Wege finden, um das Evangelium von Jesus Zugang mit ihrem Alltagsleben zu verknüpfen. Und – ich mache keine Witze – dort mitten an einem der ärmsten Orte in ganz Europa geschah Erweckung. Wir führten Dutzende Menschen zu Jesus. Die Lebensqualität nahm zu. Wir erlebten Dinge, von denen man sonst nur in Apostelgeschichte 2 hört. Ich hatte so etwas noch nie vorher erlebt. Das Reich Gottes brach in die Erde hinein. Die Zukunft kam in die Gegenwart.

Wenn man heute jedoch nach Brixton Hill geht, sieht man nur noch sehr wenig davon, dass wir je dort gewesen sind.

Warum ist das so? Hier kommt die zweite Stadt ins Spiel.

Im Schnellvorlauf 10 Jahre weiter.
Nach einigen Jahren in Arkansas übernahmen Sally und ich eine Stelle als Hauptleiter einer lebendigen Gemeinde namens St. Thomas in Nordengland. Sie war in der Stadt Sheffield, in der etwa 2 Prozent der Einwohner zur Kirche gingen. Die Lebensbedingungen in Sheffield waren schwierig. In dieser frü-

heren Hochburg der Stahlproduktion gab es extrem hohe Arbeitslosenzahlen. Sheffield ähnelt stark Pittsburgh, sowohl vom äusseren Eindruck als auch von der Atmosphäre her.

In meiner Zeit in Brixton war ich beinahe zufällig auf einige Prinzipien und Praktiken gestossen, die dann in Sheffield voll zum Tragen kamen. (Das ist einzig und allein Gottes Verdienst.) Schon kurz, nachdem wir dort angefangen hatten, machten wir erste Erfahrungen mit einem missionalen Gefäss, das jetzt unter dem Namen Missionale Gemeinschaften bekannt ist. Wir hatten Gruppen, die etwa so gross waren wie eine erweiterte Familie (20–50 Leute). Diese Menschen waren durch ihren Missionsauftrag untereinander als Gemeinschaft verbunden und lebten die Frohe Botschaft von Jesus in jedem Riss und in jeder Spalte der Gesellschaft aus. So wurden sie zu einer verstreuten und einer versammelten Gemeinde. Diese Gruppen wurden von Laien geleitet, und die Leiter entschieden sich für eine Vision und wie sie für die Orte, an die Gott sie schickte, nach seinen Anweisungen Kirche sein wollten.

Im Laufe der Zeit ging überall die Saat auf. Zu Hunderten kamen Menschen zum Glauben. Die Zahl der missionalen Gemeinschaften verdoppelte sich. Dann verdoppelte sie sich noch einmal. Einige Jahre nach unserem Start waren wir zu unserer grossen Überraschung zu einer der grössten Gemeinden Englands geworden.

Aber dann geschah wieder etwas, das uns schon vertraut war. Ich hatte den Eindruck, dass der Herr Sally und mich aufforderte, St. Thomas zu verlassen und in die Vereinigten Staaten zu ziehen, wo die nächste Jahreszeit unseres Lebens ihren Anfang nehmen würde.

Siehst du die Symmetrie hier? Wieder geschah Erweckung, und wieder sollte ich aufbrechen. Nach meinem letzten Aufbruch war im Laufe der Zeit die Prägung durch das Reich Gottes langsam aus diesem kleinen Bezirk in London verschwunden. Beinahe, als wenn wir nie dort gewesen wären. Aber Gott hatte uns zum Aufbruch aufgefordert, und wir waren ihm gefolgt.

Mit Sheffield und St. Thomas war es aber anders.

Sieben Jahre, nachdem wir unsere Zelte in St. Thomas abgebrochen hatten, war die Gemeinde über doppelt so gross und zählt jetzt zu den grössten Gemeinden ganz Europas. Tausende sind durch missionale Gemeinschaften zu

Jesus gekommen, und von dieser eher unbedeutenden Stadt im Norden Englands hat sich eine missionale Bewegung über den ganzen europäischen Kontinent verbreitet. Die Stadt hat jetzt eine höhere Lebensqualität. Der Stadtrat war Christen gegenüber immer ablehnend eingestellt und tat alles in seiner Macht stehende, um den Gläubigen das Leben schwer zu machen. Seit einiger Zeit unterstützt er finanziell missionale Gemeinschaften, die mit Teenagern arbeiten. Warum? Der Stadtrat hat sich mit diesen Gemeinschaften befasst und festgestellt, dass sie so ziemlich als Einzige in der Stadt einen positiven Beitrag gegen Kriminalität, Armut und Apathie, die unter den Teenagern in Sheffield stark verbreitet sind, leisten.

All das geschah durch Laien, die diese Gruppen leiteten und nicht dafür bezahlt wurden. Sie waren einfach missionale Leiter, die in der Stadt, in die sie berufen worden waren, die Arbeit von Jesus machten.

Ich habe oft über die Geschichte von diesen beiden Städten nachgedacht. Worin liegt der Unterschied zwischen Brixton Hill und Sheffield? Beide Orte erlebten ein mächtiges Ausgiessen des Heiligen Geistes. An beiden Orten geschahen Dinge wie in der Apostelgeschichte. Beide Gemeinden hatte ich sehr fähigen Leitern übergeben.

Nach langem Nachdenken kam ich nur einem wirklichen Unterschied zwischen Brixton Hill und Sheffield auf die Spur. Ich kann nur einen Grund dafür erkennen, dass die Erweckung an dem einen Ort im Keim erstickt wurde, während sie an dem anderen Ort weiterging. In Sheffield hatte ich gelernt, wie man missionale Leiter multipliziert, die andere Christen leiten können. Es spielte keine Rolle, ob ich (oder Paul Maconochie und Mick Woodhead, ausserordentliche Männer, die meine Nachfolge angetreten hatten) dort war oder nicht. Die Gemeindemitglieder hatten die Identität ihrer Berufung verstanden und wussten, zu wem sie ausgesandt wurden. Alltägliche, normale Christen leiteten die Gemeinde.

In Brixton Hill war ich Missionar und sammelte die Gemeinde um meine missionarischen Vorstösse. Aber es wurde nie ihre eigene Gemeinde. Als ich ging, hörten sie auf zu sammeln. In Sheffield war ich weiterhin Missionar, aber ich lernte, diese Missions-DNA einer kleinen Gruppe Menschen weiterzugeben, die dann dasselbe für andere machten, die wiederum dasselbe für andere machten. Damit nahm eine missionale Revolution, die jetzt sechs Kontinente umspannt, ihren Anfang.

Ich bin völlig davon überzeugt, dass diese Geschichte nicht die Ausnahme, sondern die Regel sein soll. Es soll die Geschichte der Gemeinde sein. Es soll deine Geschichte sein – eine Geschichte, in der missionale Leiter geformt und multipliziert werden, die andere Christen zu ihrer Bestimmung führen können.

Darum soll es in diesem Buch gehen. Du findest hier praktische Werkzeuge, mit denen du missionale Leiter identifizieren, rekrutieren und entwickeln kannst, die sich dann selbst multiplizieren können. Komm mit uns auf die Reise von Brixton Hill nach Sheffield und darüber hinaus — die Reise, auf der wir missionale Leiter multiplizieren.

1
EINSTECKEN UND LOS – DAS PROBLEM

Stell dir vor, es ist Dienstagmorgen, und die Mitarbeiter deiner Gemeinde treffen sich zur wöchentlichen Mitarbeiterbesprechung. Sie diskutieren über den Gottesdienst vom Wochenende, ob die Botschaft und das Erleben so weitergegeben werden konnten, wie sie es sich vorgestellt hatten. Sie reden über Teilnehmerzahlen; die Anzahl und Wirksamkeit der Kleingruppen; das Budget, Gebäude und den Cashflow. Du kennst es — der normale Ablauf einer Mitarbeiterbesprechung.

Dann klopft jemand leise aber eindringlich an die Tür. Jemand antwortet „Herein!"

Normal angezogen kommen Petrus, Paulus, Jakobus, Priscilla, Timotheus und Lydia ins Zimmer. (Es geht hier natürlich um eine hypothetische Situation.) Sie stellen sich vor und sagen, der Herr habe sie in eure Gemeinde geschickt, um hier nach ihren Möglichkeiten zu dienen. Sie fragen: „Was können wir machen? Wir wollen nicht auf der Bühne stehen oder so etwas. Das Predigen/Lehren macht ihr wirklich gut. Aber wir machen alles, was ihr sonst braucht. Sagt uns einfach, was ihr gerne möchtet."

Die Mitarbeiter verfallen in verblüfftes Schweigen — das ist nicht gerade eine alltägliche Situation. Aber sie erholen sich ziemlich schnell.

„Also, ja, okay. Wie viele seid ihr? Sechs? Lasst uns mal überlegen. Könnten drei von euch eine Kleingruppe leiten? Wir wollen einige neue Kleingruppen starten, und das würdet ihr natürlich super machen. Petrus, Jakobus, Paulus, könntet ihr das übernehmen?"

„Ähm … wisst ihr, uns ist vor einem Monat die Leiterin unseres Begrüssungs-Teams ausgestiegen, und seitdem lässt das Ganze etwas zu wünschen übrig. Sie haben nicht mehr ihren früheren Drive. Ihr wisst, wie wichtig es ist, dass die Leute beim Gottesdienstbesuch in den ersten 15 Sekunden einen starken Eindruck von unserer Gemeinde bekommen. Priscilla, könntest du die Leitung übernehmen?"

„Timothy, wir könnten sicher noch einen Platzanweiser gebrauchen. Dafür wärst du sicher geeignet. Und Lydia, ich habe gehört, du spielst ziemlich gut Bass und kannst auch singen. Wir haben einen Bassgitarristen zu wenig und es wäre toll, wenn du in der Band mitmachen könntest. Vielleicht kannst du sogar ab und zu einspringen und die Worship-Leitung übernehmen. Hättest du Lust dazu?"

Das nennt man einstecken und los. In der Maschinerie unserer Gemeinden sind verschiedene Positionen zu besetzen, und wir stecken Leute in diese Rollen. Versteht mich nicht falsch: Es wird immer logistische Anforderungen geben, wenn die verstreute Gemeinde zusammenkommt. Das ist Realität. Darum müssen wir uns kümmern und gute Arbeit leisten.

Aber denkt irgendjemand wirklich, eine Gemeinde sollte Petrus, Jakobus, Paulus, Priscilla, Timotheus und Lydia an diesen Stellen einsetzen? Wäre das der effizienteste Umgang mit ihrer Zeit und Energie angesichts der Fähigkeiten, die sie mitbringen? Natürlich nicht.

Laut einem kursierenden Leiterschafts-Mythos bringen Systeme und Strukturen in und aus sich selbst Leiter hervor. Dieses hypothetische Beispiel zeigt jedoch auf, wie Systeme dem unter Umständen nicht gerecht werden.

Vielleicht können wir es einmal so anschauen: Wenn deiner Gemeinde plötzlich 250 missionale Leiter zugeteilt würden, wüsstet ihr, was ihr mit ihnen anfangen sollt? Oder würdet ihr sie nach dem Motto „einstecken und los" bei dem einsetzen, was ihr gerade macht?

Wenn wir ehrlich sind, würden wir wahrscheinlich zugeben, dass die meisten von uns nicht die geringste Ahnung hätten, was man mit missionalen Leitern macht. Möglicherweise würden sie uns genau aus diesem Grund sogar einschüchtern.

Ich glaube, dass hier eine tiefer liegende Wahrheit zutage tritt. Unsere mangelnde Erfahrung mit missionalen Leitern zeigt, dass die meisten von uns, wie ich damals in Brixton, überhaupt nicht wissen, wie man missionale Leiter formt und multipliziert. Die Idee gefällt uns, aber die Tatsache, dass wir nichts mit ihnen anzufangen wissen, zeigt: Wir hatten noch so gut wie keinen Kontakt zu ihnen. Das sagt etwas über uns aus.

Wir lesen über Petrus, Paulus und die anderen im Neuen Testament, die missionale Gemeinden und Bewegungen starteten und leiteten, aber irgendwie kommen wir noch nicht damit zurecht, dass wir das auch machen sollten! Die Typen von Leitern, von denen wir in der Apostelgeschichte hören, sind die Arten von Leitern, die wir formen und freisetzen sollten. Aber irgendwo auf dem Weg haben wir uns auf eine andere Normalität eingestellt.

Wie wäre es, wenn das Hervorbringen und Multiplizieren solcher missionalen Leiter für deine Gemeinde normal wäre?

DER SPIELPLATZ

Beim Nachdenken kam es mir vor, als hätten wir als Gemeinden unsere Gemeindeleiter auf einen Spielplatz gestellt, der nur drei Meter lang und drei Meter breit und von einem hohen Zaun umgeben ist.

Wir stellen diese Leiter auf den Spielplatz und fordern sie zum Spielen auf. Das klingt vielleicht gut, aber da sind so viele von ihnen an einem Ort, es ist ziemlich gedrängt. Auf dem kleinen Feld gibt es nur Platz für ein Paar Schaukeln, eine kurze Rutschbahn und ein kleines Karussell. Sie wechseln sich beim Spielen ab, verbringen aber die meiste Zeit mit Warten und fragen sich, wann sie an der Reihe sind. Der Zaun um den Spielplatz ist so hoch, dass man nicht darüber schauen kann. Deshalb wissen die Leiter nicht einmal, dass sich der Spielplatz mitten in Disney World befindet. Auf der anderen Seite des Zauns gibt es viele Bahnen und man kann sich prächtig amüsieren … *und sie wissen es nicht einmal.*

Ich habe aber den schleichenden Verdacht, dass fast alle Leiter, würden wir den Zaun abreissen, um ihnen zu zeigen, was möglich wäre, auf diesem kleinen Spielplatz bleiben würden. Warum? Sie kennen diesen Spielplatz. Den haben sie immer gekannt. Ihnen gefallen die Schaukeln, die Rutschbahn und das Karussell. Space Mountain? Tower of Terror? Teacups? Damit können sie gar nichts anfangen. Disney World ist ihnen total fremd und wirkt im Vergleich zu dem ihnen vertrauten Spielplatz ziemlich Furcht einflössend. Es spricht also einiges dafür, dass sie trotz abgerissenem Zaun den Spielplatz niemals verlassen würden. Und das sind die Leiter!

Das führt zu einer weiteren schmerzlichen Realität.

Meiner Meinung nach haben unsere Gemeinden keine *missionalen Leiter*, aber ich würde noch einen Schritt weiter gehen. Ich bin darüber hinaus der Ansicht, dass die meisten unserer Gemeinden praktisch keine *Leiter* haben.

Natürlich haben wir Programme für Leiterentwicklung. Wir haben Abendessen, Kurse, Meetings und manchmal sogar ein bisschen Ausbildung. Leiterschaft heisst aber, dass wir selber vom Herrn eine Vision bekommen haben und dass er uns die Kraft und Autorität zur Umsetzung dieser Vision gegeben hat. So sieht es in unseren Gemeinden nicht aus.

Das liegt darin begründet, dass wir in den meisten Gemeinden keine *Leiter* haben; wir haben *Manager*. Wir haben Leute, die die Vision von wenigen (oder von einem) ausführen und managen und nicht Menschen, die ihnen von Gott geschenkte Visionen umsetzen. Für gewöhnlich haben wir ein Genie mit tausend Helfern. Und um diese Helfer „einzustecken und loszulegen", haben wir Entwicklungsprogramme für Manager.

Wir wollen es deutlich sagen: In der westlichen Kirche gibt es in den Gemeinden sehr wenige Leiter, aber viele Manager. *Wir brauchen dringend mehr Leiter, deren Leben und Dienst aussieht wie das Leben und der Dienst von Jesus.*

Bill Hybels hatte Recht mit seiner Aussage, dass die Ortsgemeinde als Leib Christi die Hoffnung der Welt ist. Das stimmt aber nicht für die normalen Gemeinden in unserer Umgebung, die eher das Geschäftsmodell von Unternehmen imitieren.

Wenn du deine Gemeinde wie ein Unternehmen führst, ersetzt Effizienz Wirksamkeit. Viele Gemeinden sind organisatorisch effizient, aber wir nehmen keinen Einfluss auf das Leben von Menschen, wie Jesus es sich vorgestellt oder gehofft hatte.

Wir haben eine Gemeinde mit Firmenkultur nach amerikanischem Vorbild geschaffen, weil wir uns eine falsche Gegensätzlichkeit zu eigen gemacht haben: von einer *Leiterschaftskultur*, die Leiter hervorbringt, und einer *Jüngerschaftskultur*, die Jünger hervorbringt. Ich meine damit: In amerikanischen Unternehmen besteht das Ziel darin, Menschen von A nach B zu *bewegen*, aber das hat nichts mit dem *Formen* von Menschen zu tun. Wir haben einen Mann mit der Vision und eine Freiwilligenkultur, um diesem einen Mann zu helfen, seine Vision auszuführen. Er ist das Genie mit tausend Helfern. Die Gemeinden mögen zwar für sich in Anspruch nehmen, sie hätten Entwicklungsprogramme für Leiter, in Wirklichkeit aber haben sie Durchschleusestationen für Freiwillige. Die Leute werden mit zunehmendem Engagement von Zuschauern zu Freiwilligen zu Managern, aber sie werden nie missionale Leiter.

Ich bin hundertprozentig davon überzeugt, dass in 100 Jahren zahlreiche Bücher über das Phänomen der amerikanischen Kirche im späten 20. und frühen 21. Jahrhundert verfasst sein werden. Und ich bin ziemlich sicher, dass die Leute beim Lesen sehr erstaunt und lachend zueinander sagen werden: „Du machst wohl Witze! Im Ernst? Die Leute dachten wirklich, es wäre eine gute Idee, die Kirche wie ein Unternehmen zu strukturieren? Ganz im Ernst?"

In dieser sogenannten Leiterschaftskultur führen wir also den Betrieb, aber wir vergrössern nicht das Reich Gottes. Wir halten die Gemeindemaschinerie am Laufen (zum Leidwesen einiger Leute ist sie wirklich erforderlich, auch wenn sie mit weniger Ballast und Aufwand betrieben werden kann), aber wir erzielen keine Auswirkungen für das Reich Gottes, die über unseren ausserordentlich gut geführten Spielplatz hinausgehen.

Damit soll nicht gesagt werden, dass es einen „richtigen" Gemeindetyp gibt, oder dass ich versuche, Gemeinden zu schubladisieren. Wenn wir aber in der Bibel nachschauen, sehen wir in den gesunden, lebendigen Gemeinden in der Bibel die Eigenschaften, die im *bewegungsorientierten Quadranten* von starker Jüngerschaft und starker Leiterschaft zu finden sind. **Gemeinden, die sich dem unternehmerischen oder organischen Quadranten zuordnen, sind nicht „schlecht". Ich denke, sie könnten wirksamer sein, wenn sie mehr Anteile des Quadranten hätten, der bei ihnen zu schwach ausgeprägt ist.**

Ich vermute, dass die meisten von uns sich im Quadranten oben links befinden, der eine unternehmerisch geführte Gemeinde beschreibt. Wir haben Gemeinden, die sehr gut Leute dazu bewegen können, Sachen zu machen, aber kaum Menschen zu Jüngern machen. Stattdessen erzeugen sie eine Freiwilligenkultur, die von Managern des Leiters umgesetzt und geführt wird. Das bewirkt sehr wenig Veränderung innerhalb oder ausserhalb der vier Kirchenmauern. Wir schützen das, was wir haben und erweitern in der Regel nicht das Königreich.

Demgegenüber haben wir organische Gemeinden, die toll im Jüngermachen sind, aber nicht gerade besonders wirksam, wenn es darum geht, diese Leute für Gottes Mission in der Welt zu mobilisieren. Es ist ein Haufen von Einzelpersonen, von denen jeder für sich herumläuft. (Auch hier verallgemeinere ich stark, um es auf den Punkt zu bringen.) Möglicherweise machen sie Schritte Richtung Mission, jedoch ohne klare Vision, wie sie das zusammen als Familie in Angriff nehmen werden. Wenn Schwierigkeiten auftauchen, krebsen sie zurück und machen sich die falsche Überzeugung zu eigen, dass sie Jünger sein können, ohne Missionare zu sein.

Wir brauchen einen Weg, auf dem wir Menschen so entwickeln und bewegen können, dass wir sie im Jüngerschaftsprozess für ihre Bestimmung freisetzen, neue Grenzen für Gottes Reich zu erobern. Das geschieht durch Bewegungen, und wir trachten doch nach einer Reich-Gottes-Bewegung, oder? *Deshalb brauchen wir unbedingt missionale Leiter — Menschen, die uns aus der sicheren Begrenzung des Kirchengebäudes heraus- und in die Welt, die Jesus so geliebt hat, hineinführen können, damit sich sein Königreich ausbreitet.*

Wir müssen den Zaun abreissen und Leuten erlauben, zu leiten. Das heisst: Wir helfen ihnen, von Gott zu hören; wir formen sie zu missionalen Leitern, wie wir sie in der Bibel sehen, und setzen sie frei, mit Vollmacht und Autorität die

Sachen zu machen, zu denen Gott sie beruft. Darum geht es beim Multiplizieren von missionalen Leitern.

Wir wollen uns jetzt genauer mit zwei Schlüsselfragen befassen:

1) Wie können wir missionale Leiter hervorbringen, formen, ausbilden und multiplizieren?

2) Wie können wir diese Leiter bewusst und zielgerichtet unter einer breiten Vision freisetzen, sodass Gottes Reich durch das Starten einer missionalen Bewegung Raum gewinnt?

Einstecken und los funktioniert nicht bei missionalen Leitern. Sie sehen ihre Hauptaufgabe ausserhalb der Grenzen des Kirchengebäudes. Sie brauchen einen grossen Hinterhof. Sie brauchen einen Raum zum Hinausgehen und Wachsen.

2
DER MISSIONALE LEITER

Sobald wir anfangen, den Spielplatz hinter uns zu lassen, müssen wir uns Zeit nehmen, das Feld abzustecken für Mission, missionale Leiterschaft und Jüngerschaft.

Eins müssen wir uns von Anfang an klarmachen: Missionale Leiterschaft umfasst nicht einfach das Bejüngern einzelner Leute. Es geht vielmehr darum, grössere Gruppen zu leiten, in denen wiederum Leiter strukturiert und zusammenhängend für Gottes Mission in der Welt bejüngert und geschult werden.

Genau genommen stimmt es: Du leitest jeden, den oder die du bejüngerst, weil Leitung mit Einfluss gleichzusetzen ist. Wir wollen uns aber mit Leiterschaft aus der Perspektive *missionaler Leiterschaft* befassen, d.h. mit der Fähigkeit, andere Christen zu mobilisieren, um Gottes Mission in der Welt gemeinsam in Angriff zu nehmen.

Aus Erfahrung weiss ich: Man kann versuchen, eine kleine Gruppe (sagen wir weniger als 12–15 Leute) für Mission zu motivieren, aber das ist vielfach ineffizient und schwierig, es längerfristig aufrechtzuerhalten. In der Regel ist die Gruppe klein genug fürs Kümmern, aber nicht gross genug fürs Wagen. Ich würde also sagen, dass ein missionaler Leiter in erster Linie jemand ist, der mindestens 20–50 Leute (etwa die Grösse einer erweiterten Familie) oder mehr leiten und mobilisieren kann. Meines Erachtens ist das die Mindestzahl für gesunde, lebendige und nachhaltige Mission. (Wir haben ein ganzes Buch mit dem Titel *Launching Missional Communities: A Field Guide* darüber geschrieben.)

Kann jemand weniger als 20 Leute leiten und doch missionaler Leiter sein?

Natürlich. Aber in diesem Buch werden wir auf Leiter fokussieren, die mindestens 20–50 Leute führen, schulen und in Bewegung setzen.

Ich möchte noch einmal ganz klar sagen, was ich unter dem Begriff *missionaler Leiter* verstehe. **Damit ist jemand gemeint, der Christen dazu aktiviert, bei Gottes Erlösungswerk auf dieser Welt mitzumachen.** Ausserdem bin ich der Meinung, dass die effizientesten missionalen Leiter ein Jüngerschaftssystem ins Leben rufen, das auf Beziehungen beruht, indem sie als erweiterte Familie in der Mission unterwegs sind (mehr darüber später in diesem Buch).

Ich werde in diesem Buch oft über *missionales Grenzland* sprechen. Damit meine ich einen Ort oder ein Beziehungsnetzwerk, an oder in dem eine viel stärkere Präsenz des Evangeliums nötig ist. Missionales Grenzland ist dort, wo viel mehr vom Reich Gottes gebraucht wird, nicht durch kulturelle Manipulation oder Kulturkriege, sondern durch beständiges, treues Zeugnisgeben für Jesus und sein Reich.

Du kannst Jünger sein, ohne missionaler Leiter zu sein, aber du kannst kein missionaler Leiter sein ohne ein radikal hingegebener Jünger zu sein. Ein missionaler Leiter ist also zuallererst Nachfolger, weil er oder sie Jesus als Lernende/r nachfolgt. Gleichzeitig unterstellen sie ihr Leben den Menschen, die sie zur Verbindlichkeit auffordern, sie unterstützen, herausfordern und ermutigen.

Kurz zusammengefasst die drei meines Erachtens entscheidenden Aspekte missionaler Leiterschaft:

1. Leiter dürfen selbst im Hören auf Gott eine Vision empfangen und bekommen Vollmacht und Autorität, etwas mit dieser Vision anzufangen.

2. Sie haben das nötige Format, um *mindestens 20–50* Leute miteinander in die Mission zu führen.

3. Sie leben Jüngerschaft mit radikaler Hingabe, mit dem Charakter und der Kompetenz von Jesus, und somit betreuen sie aktiv andere im Jüngerschaftsprozess.

Biblische Leiterschaft gründet sich auf Jüngerschaft. Zum einen sind wir möglicherweise dazu begabt, andere Christen mit einer gemeinsamen Vision in Einheit in Bewegung zu bringen; zum anderen aber können wir uns nie unserer Verantwortung entziehen, diejenigen Menschen, die wir in Bewegung setzen, zu Jüngern zu machen. Wir müssen sie entweder persönlich bejüngern, oder wir müssen dafür sorgen, dass ein Beziehungssystem entsteht, in dem sie bejüngert werden.[1]

Um das Wesen eines missionalen Leiters besser zu erfassen, wollen wir uns zuerst mit dem Wesen eines Jüngers befassen, denn über dessen sämtliche Eigenschaften muss auch der missionale Leiter verfügen. In unserem letzten Buch *Eine Jüngerschaftskultur aufbauen* haben wir Jüngerschaft und das Begleiten von Menschen im Jüngerschaftsprozess ausführlich behandelt. In den folgenden Abschnitten möchten wir uns dem Thema aus einem neuen Blickwinkel nähern und genauer auf den Zusammenhang mit missionaler Leiterschaft eingehen.

Wie gerade schon angemerkt, kann man kein missionaler Leiter sein, ohne zuerst mit radikaler Hingabe Jesus nachzufolgen. Wenn wir uns auf den Weg machen, missionale Leiter zu multiplizieren, müssen wir uns genauer mit Jüngerschaft befassen, denn hier ist für dich als christlicher Leiter immer der Ausgangspunkt.

DIE MESSLATTE VERSCHIEBEN

Es ist meines Erachtens ziemlich einfach, Jünger zu definieren. In der Bibel wird das griechische Wort *mathetes* für „Jünger" verwendet, und es bedeutet *Lernender*. Mit anderen Worten sind Jünger Menschen, die LERNEN, wie Jesus zu sein und das zu machen, was er tun konnte. Dallas Willard, ein grossartiger Autor zum Thema Jüngerschaft, drückt es folgendermassen aus: *Jüngerschaft ist der Prozess, in dem du zu dem Menschen wirst, der Jesus wäre, wenn er in deiner Haut steckte.*[2] Ein Jünger ist jemand, dessen Leben und Dienst mit zunehmendem Einsatz und im Verlauf der Zeit mehr und mehr wie das Leben und der Dienst von Jesus aussehen. Jünger haben in zunehmendem Mass das Herz und den Charakter von Jesus, und sie können Sachen machen, die sie bei ihm beobachten.

....

[1] Wir haben festgestellt, dass die Huddle-Struktur 8:6:4 dafür extrem hilfreich ist. Mehr Informationen zur Huddle-Struktur 8:6:4 findest du im Kapitel 4 von *Eine Jüngerschaftskultur aufbauen*

[2] Dallas Willard: http://www.dwillard.org/articles/artview.asp?artID=71

Danach brauchen wir im Neuen Testament nicht lange zu suchen. Schaut euch einfach das Leben der Jünger und Apostel an und die von ihnen geführten Gemeinschaften. Im Laufe der Zeit glichen sie Jesus immer mehr.

Wie gelangte die Gemeinde im Laufe von etwa 250 Jahren von 120 Menschen im Obergemach zu über 50 Prozent des Römischen Reiches?[3] Ganz einfach. Sie wussten, wie man das Leben von Jesus bei den Jüngern reproduziert, d.h. bei Menschen aus echtem Fleisch und Blut, die dann Sachen machen konnten, wie wir sie von Jesus in den Evangelien lesen. Und diese Jünger machten das zielgerichtet.

Ist das immer noch die Grundlinie für alle Christen, oder *haben wir die Messlatte verschoben?* Ich muss mich fragen, ob wir einen Kriterienwechsel vollzogen haben, um den Früchten zu entsprechen, die unsere Gemeinden hervorbringen. Wenn das der Fall ist, geben wir uns mit Christen zufrieden, die im Gottesdienst auftauchen, im Allgemeinen nette Leute sind, ab und zu Stille Zeit machen, den Zehnten geben und freiwillig mitarbeiten. Vielleicht haben sie sogar einen kleinen missionarischen Einschlag. Das sind alles gute Sachen. Aber ich denke nicht, dass Jesus bei seiner Predigt über Fruchttragen in Johannes 15 diese Art von Früchten gemeint hat.

Würden solche Menschen die Welt so verändern wie die Urchristen? Wohl kaum.

Tatsache ist, glaube ich, dass wir in der westlichen Kirche ziemlich schlecht im Jüngermachen sind. Warum? Ich schaue mir das Leben von Jesus an, das Leben der Jünger, das Leben der Urchristen und was sie durch ihre Frucht hervorbringen konnten – und dann schaue ich unser Leben an. Wenn wir in der Bibel über die Beschaffenheit ihres Lebens und Dienstes nachlesen, denken wir, dass unser Leben dem entsprechen kann? Auch wenn wir eine wachsende Gemeinde haben – sieht das Leben der Menschen, die wir führen, wie das Leben der Menschen in der Bibel aus?

Das sollten wir uns als Messlatte setzen.

Ich habe Dallas Willard sagen hören, dass jede Gemeinde in der Lage sein sollte, zwei Fragen zu beantworten. Erstens: Welchen Plan haben wir, um

---

[3] Please see Rodney Stark's seminal book *The Rise of Christianity*

Menschen zu Jüngern zu machen? Zweitens: Funktioniert unser Plan? Ich denke, die meisten Gemeinden haben einen Plan fürs Jüngermachen. Ich bin nicht davon überzeugt, dass viele von diesen Plänen so funktionieren, wie es Jesus gerne hätte. Und hier liegt unser Problem.

Die Früchte unseres Lebens bringen die Wurzeln unseres Lebens zum Vorschein. In Brixton Hill kam die Frucht meiner Zeit dort zum Vorschein. Es waren Früchte, die eine Jahreszeit lang reif waren, aber auf Dauer keinen Bestand hatten. Es ging nicht einfach darum, dass Jüngerschaft nicht zu meiner DNA gehörte oder ich nicht gewusst hätte, wie man es anpackt. Der springende Punkt war, dass ich es mir nicht einmal als Priorität vorgenommen hatte. Es ging um das Bauen einer Gemeinde und nicht darum, Menschen zu Jüngern zu machen. Die Frucht brachte meine Wurzel zum Vorschein.

Wenn wir Jünger hervorbringen möchten und sehen, dass zwischen den normalen Menschen in der Bibel und den Menschen in unserer Umgebung eine beträchtliche Diskrepanz besteht, müssen wir uns fragen, warum das der Fall ist und wie wir Abhilfe schaffen können.

„ICH HÄTTE GERN EINEN CHEESEBURGER OHNE KÄSE."

Zweifellos ist eines der Hauptmerkmale des Jüngerseins ein starkes Anliegen für Mission. Im Christentum wurde Jüngerschaft anscheinend nur als „innere" Realität wahrgenommen. Die Transformation des Einzelnen stand im Vordergrund, und Mission war eher nebensächlich. Mittlerweile haben wir uns die *Missio Dei* wieder zu eigen gemacht – die Realität, dass der Gott der Mission seinen Sohn als grossen Retter gesandt hat und wir ihn nachahmen sollen. Ich frage mich, ob für einige, die sich nach einer „missionalen Bewegung" ausstrecken, das Missionar-/Reformator-Sein mehr im Vordergrund steht als das Trachten nach Transformation und Ganzheit, die Christus ihnen persönlich anbietet. Dazu sagte Skye Jethani: „Viele Gemeindeleiter ersetzen unbewusst die transzendente Lebendigkeit eines Lebens mit Gott durch die Eigenbefriedigung, die sie aus einem Leben für Gott beziehen."[4]

Ich kritisiere hier nicht die Leute, die eine Leidenschaft für Mission haben. Ich gehöre auch dazu. Ich habe in den 80er-Jahren pioniermässig missionale Ge-

---

[4] http://www.outofur.com/archives/2011/07/has_mission_bec.html

meinschaften aufgebaut und mache das immer noch. Das ist mein Lager, mein Stamm, mein Volk. Aber es muss gesagt werden: Gott hat uns nicht dazu bestimmt, ausserhalb des Rahmens bewusster biblischer Jüngerschaft Reich-Gottes-Mission zu betreiben. Wenn uns das nicht klar ist, sind wir auf dem Holzweg.

Jüngerschaft ist das Dach für Mission. Sie gehört zu den vielen Sachen, die Jesus seinen Jüngern so beigebracht hat, dass sie gut darin wurden und sie zu einem fest integrierten Bestandteil ihres Alltagslebens wurden. Das geschah aber nicht im luftleeren Raum. Jesus zu kennen und durch diese Beziehung geformt zu werden war unerlässlich. So wurde ihr Charakter beständig verfeinert, und gleichzeitig entwickelten sie ihre Fähigkeiten (dazu gehörte auch Mission) weiter.

Gleichsam als Gegenerklärung behandle ich jetzt Jüngerschaft und Mission als wären es zwei getrennte Bereiche. Das sind sie nicht. Sie sind ein und dasselbe. Weil aber so viele Leute mit ihnen wie mit zwei getrennten Bereichen umgegangen sind, benutze ich das als Ausgangspunkt.

Die Wahrheit über Jüngerschaft lautet: Jüngerschaft ist nie „in" oder angesagt, weil es um eine Berufung zum Kommen und Sterben geht. Sie ist mit den Worten von Eugene Peterson „ein lang andauernder Gehorsam in dieselbe Richtung."[5] Das ist für Leute, die in einer Konsumkultur leben, nicht gerade attraktiv. Missionale Gespräche sind zwar geprägt von der mit Reich-Gottes-Arbeit einhergehenden Energie und Lebendigkeit, haben aber oft nicht den Meilenstein-Charakter, den sich viele von uns, die schon länger dabei sind, erhoffen. Mission ist chaotisch. Sie ist demütigend. Vielfach ist sie nicht ruhmreich. Hier ist ein Langstrecken-Commitment gefragt. *Und ohne ein ganzheitliches Verständnis von Jüngerschaft lässt sie sich schon gar nicht aufrechterhalten.*

Wie schon vorher gesagt (und auch im Buch *Eine Jüngerschaftskultur aufbauen* erklärt), sind wir ziemlich schlecht im Jüngermachen. Ihr seht, warum das ein grosses Problem darstellt, wenn es um das Starten von etwas Missionalem geht. Denkt einmal aus folgendem Blickwinkel darüber nach: Menschen in die Mission auszusenden bedeutet, sie in Kriegsgebiete zu senden. Wenn wir Menschen nicht so zu Jüngern machen wie es von Jesus und im Neuen Tes-

---

[5] Dem gleichnamigen Buch von Peterson entnommen *(Long obedience in the same direction)*.

tament beschrieben wird, schicken wir sie ohne Rüstung, Waffen oder Ausbildung hinaus. Ein Massengemetzel wird dadurch förmlich herausgefordert. Überrascht es uns dann, wenn Leute ausgebrannt sind, das Handtuch werfen und nie wieder Missionseinsätze machen (oder sogar gar nicht mehr in die Kirche kommen) wollen? Wie können wir nicht damit rechnen, dass sich Leute gebraucht und missbraucht vorkommen? Und wenn die Leute das alles beobachten, ist es dann überraschend, dass sie sich zum Bleiben entscheiden, wenn wir den Zaun um den Spielplatz abreissen?

Jüngerschaft ist nicht nur das Trainingslager, in dem Leute für die Front ausgebildet werden, sondern auch das Krankenhaus, in dem sie sich nach Verwundungen erholen, sowie der Ort, an dem sie ausserhalb der Einsätze ruhen können.

In einer Geschichte aus dem Ersten Weltkrieg wird berichtet, dass die Armee des Zaren immer wieder nicht ausgebildete, praktisch waffenlose Soldaten in die Hitze des Gefechts an der deutschen Front schickte. Sie wurden scharenweise niedergemetzelt. Warum machte die Rote Armee das? Weil die Generäle wussten, dass die deutschen Soldaten schlussendlich ihre gesamte Munition verfeuert haben und somit der Roten Armee die Gelegenheit geben würden, ihre besten Soldaten in den Kampf zu schicken und sie zu erledigen. Die erste Welle nicht ausgebildeter Soldaten bewirkte das Aufbrauchen der Munition und machte den Feind verletzlich.

Das ist zwar keine perfekte Analogie, aber nach meinem Empfinden sind wir in der „missionalen" Bewegung gerade jetzt ziemlich genau an diesem Punkt. Wir senden putzmuntere Zivilisten in die härteste Kampfzone, ohne sie so auszurüsten, dass sie nicht bloss überleben, sondern gut kämpfen und das Reich ihres Vaters voranbringen können. Wir brauchen missionale Leiter, die das Volk Gottes ausbilden, mobilisieren und zu seiner Bestimmung führen können.

Ich finde es problematisch, dass wir immer wieder den Graben gewechselt haben zwischen Jüngerschaft und Mission, als ob man diese zwei Bereiche irgendwie trennen könnte. Lasst mich das genauer erklären. Die Realität eines vollständigeren Lebens im Reich Gottes besteht darin, dass wir durch Gottes Gnade wieder zusammengesetzt werden, somit dem Bild Jesu mehr entsprechen und sein Herz und seine Gedanken bekommen. Wenn all das überfliesst, entsteht daraus Reich-Gottes-Aktivität und Mission (obwohl es zugegebenermassen nicht ganz so linear erfolgt). Deshalb sagt Jesus: „Ohne mich könnt ihr nichts tun."⁶ **Ohne das aktive Wirken von Jesus in unserem Leben können wir keine Frucht für das Reich Gottes hervorbringen.**

Sich in der Reich-Gottes-Mission zu engagieren, ohne in gleichem Mass darauf zu achten, dass wir selbst in unserem eigenen Leben durch die Beziehung zum König entscheidend verändert werden, kommt dem Bestellen eines Cheeseburgers ohne Käse gleich. Es ist dann nicht mehr das, worum wir gebeten haben!

Ebenso gilt: „Jünger" zu sein ohne als Teil des eigenen Lebensstils missionarisch aktiv zu sein ist wie das Bestellen eines Cheeseburgers ohne Burger. Beides ist notwendig. **Jünger zu sein heisst Missionar zu sein, und das Missionarsein erfordert auch das Jüngersein.** Wir müssen auf beiden Seiten Gräben vermeiden und uns auf dieser geraden, engen Strasse auf die Reise begeben. Die zwischen beiden Bereichen bestehende Spannung gehört mit dazu.

CHARAKTER UND KOMPETENZ

Ein objektiver Blick auf die Lage der Dinge zeigt uns vielfach Gemeinden mit einer Jüngerschaftskultur, die den Schwerpunkt vor allem auf die Transformation der eigenen Persönlichkeit legt, und wir sehen Gemeinden mit missionaler Kultur, wobei der Schwerpunkt auf der Veränderung der Welt und der Menschen in unserer Umgebung liegt. Zwischen diesen beiden Lagern herrschen oft Spannungen. Ich möchte die Gründe dafür aufzeigen.

Die einen haben den RAT, aber keine TAT. Die anderen haben die TAT, aber keinen RAT.

Bei Gemeindekulturen mit viel Mission/wenig Jüngerschaft liegen die Probleme in den Bereichen Bibelkenntnis und theologische Reflexion, und es bestehen Unzulänglichkeiten in Charakter und Glauben, die letztlich genau der Mission, auf die sie ausgerichtet sind, entgegenwirken. Kritiker bemängeln zu Recht, dass diese Gemeinden um Haaresbreite von der Irrlehre entfernt sind. Ihre Leute erleben grösstenteils nicht die Tiefe und die Veränderung des Herzens und der Gedanken, zu der Jesus uns einlädt. Sie haben die Tat, aber keinen Rat.

⁶ Johannes 15,5

Die Stärken von Gemeindekulturen mit viel Jüngerschaft/wenig Mission liegen bei den oben genannten Themen, aber ihnen fehlen der Abenteuergeist, das barmherzige Herz und der Reich-Gottes-Drang, die den Vater so zum Handeln bewegt haben, dass er seinen einzigen Sohn in die Welt sandte, die er so geliebt hat. Ihre Veränderung führt sie nicht an den Ort, an den Gott sie führt. Kritiker befürchten zu Recht, dass diese Gemeinden sich zu christlichen Ghettos entwickeln und Leute hervorbringen, die Wahrheitsbomben über die hohen, sicheren Wände ihrer Spielplätze werfen und dadurch eine Mentalität des „uns gegen sie" schaffen. Sie haben den Rat, aber keine Tat.

In beiden Fällen liegt etwas ziemlich stark daneben. Wir Menschen neigen von unserem Wesen her zu Überreaktion und entscheiden uns für Polaritäten, anstatt in einer Spannung zu leben. Eine echte Jüngerschaftskultur, wie Jesus sie vor Augen hatte, muss beides umfassen: die Transformation des Einzelnen und die Mission. Man kann nicht in einem von den beiden Gräben leben. Es ist kein Entweder-oder, sondern ein Sowohl-als-auch. Wir sollten nie eine Entscheidung zwischen Tiefe und Weite treffen. Stattdessen gilt es, das Spannungsfeld von Jüngerschaft und Mission in unseren Gemeinden und bei unseren Leitern zu integrieren. Beide Bereiche müssen vorhanden sein und gestaltet werden.

Unter dem Strich kann man einen Jünger wahrscheinlich auf zwei Sachen reduzieren: **Charakter** und **Kompetenz**. Wir wollen den Charakter von Jesus, und wir wollen Sachen machen können, die Jesus machen konnte (das ist Kompetenz). *Jüngerschaft heisst, im Laufe unseres Lebens zu lernen, wie wir zu Menschen mit Charakter und Kompetenz werden können.*

Denkt einmal an den durchschnittlichen Leiter in euren Gemeinden.

- **Charakter:** Ist Gnade kennzeichnend für ihr Leben? Frieden? Liebe? Veränderung? Geduld? Demut? Eine tiefe Beziehung zum Vater? Liebe zur Heiligen Schrift? Können sie sich unterordnen? Sehen sie die Welt mit den Augen des Reiches Gottes und nicht der vorherrschenden Kultur? (Charakter umfasst natürlich noch viel mehr, aber ihr wisst jetzt, worum es geht.)

- **Kompetenz:** Können sie gut Menschen zu Jüngern machen, die daraufhin andere bejüngern? Sind sie gut in der Mission und sehen sie ihr Alltagsleben, nicht nur besondere Veranstaltungen, als Missionsfeld? Hören sie die Stimme ihres Vaters und handeln dementsprechend mit seiner Autorität und Vollmacht? Wenn sie beten, geschehen dann Dinge wie bei Jesus? Sind sie gut im Bibellesen und Vermitteln des Wortes Gottes? (Auch hier gilt: Jesus war gut in Vielem; das ist nur eine kurze Zusammenfassung.)

Das sind Reich-Gottes-Fragen. Und wenn du mit diesem Filter reflektierst, merkst du, warum für mich die Feststellung so wichtig ist: Wenn du Jünger machst, entsteht immer Kirche. Aber wenn es dir vor allem um Gemeindebau geht, bekommst du nicht immer Jünger. Wenn die Leute in deiner Gemeinde Menschen im Jüngerschaftsprozess führen, die die oben genannten Fragen mit Ja beantworten können, setzt ihr den Auftrag von Jesus an euch um. Ihr trachtet zuerst nach dem Reich Gottes, und alles Übrige wird hinzugefügt werden.

Ich finde es hilfreich, Charakter und Kompetenz anhand dieser Matrix zu betrachten.

Hinter diesen Gedanken zu Charakter und Kompetenz steht jeweils eine grundlegende Frage. Beim Charakter lautet sie: *Bist du treu?* Gott hat eine konkrete Vorstellung von dir als Person. Er möchte, dass du deine Identität in ihm findest, nicht in dem, was du produzierst oder hast. Er möchte, dass du das Richtige machst, auch wenn es dir schwerfällt, und dass du in der Beziehung zu ihm zur Ruhe kommst, sowohl in deinen momentanen Lebensumständen als auch in der Zukunft. Bist du dieser Berufung treu? Im Reich Gottes wird Erfolg an einer Sache gemessen: Treue durch Gehorsam. Gott kontrolliert die Ergebnisse. Wir entscheiden uns durch seine Gnade, gehorsam zu sein.

Aber wir wollen nicht nur gehorsam sein. Wir wollen auch, dass das Reich Gottes gewinnt. Wir wollen, dass der Himmel auf der Erde anbricht und möchten erleben, wie das Reich Gottes in unserer heutigen Realität mehr und mehr Boden gewinnt. Es stimmt: Der Kampf ist letztlich gewonnen, aber Gott trachtet schon jetzt nach der Wiederherstellung aller Dinge, und wir nehmen Anteil daran. Wir wollen, dass es geschieht, nicht um unser Selbst willen, sondern für unsere zerbrochene Welt und die Menschen, die wir lieben. Deshalb stellen wir zur Kompetenz die Frage: *Siehst du Frucht?*

Wenn das Wort Jünger Lernender bedeutet, dann können wir lernen, die Sachen zu machen, die Jesus gemacht hat. Je länger wir sie mit Hilfe des Heiligen Geistes machen und üben, desto besser gelingen sie uns. Das heisst, wir sehen mehr Frucht, wenn wir mehr in Übereinstimmung leben mit unserem Vater und dem, was er uns durch Jesus zu tun gelehrt hat.

Wenn jemand Golf spielen lernt, hat er am Anfang einen ziemlich miesen Schlag. Mit genug Übung und Zeit (Treue) wird der Schlag besser und beständiger, und der Betreffende *lernt*, gut Golf zu spielen. Dasselbe gilt für Kompetenz im Reich Gottes. Am Anfang sind wir nicht in Vielem gut, aber mit Zeit und Übung, im Hören auf den Vater, werden wir in den Reich-Gottes-Sachen besser.

Bist du treu?

Siehst du Frucht?

Hier sehen wir auch vielfach ein Graben-zu-Graben-Denken. Als Reaktion auf zahlreiche aktuelle Strömungen in der evangelikalen Szene, bei denen es hauptsächlich um Mitgliederzahlen geht, haben viele Leute die Frage nach der Frucht über Bord geworfen. Sie legen zu Recht einen Schwerpunkt auf das Treu- und Gehorsamsein, aber es scheint ihnen kaum etwas auszumachen, dass in ihrer Gemeinde sehr wenig Durchbruch für das Reich Gottes geschieht. Irgendwie haben sie Treue und wenig Frucht gleichgesetzt.

Keine Frucht zu tragen, treu zu sein und die Ergebnisse dem Herrn zu überlassen, damit kann ich leben. Aber täuscht euch nicht: *Ich will Frucht, und zwar dauerhafte Frucht!* Ich möchte erleben, wie das Reich Gottes *heute* auf die Erde kommt. Und wenn das nicht geschieht, frage ich nach, warum! „Vater, was kann ich daraus lernen? Wo bin ich nicht so gut in etwas, und du möchtest, dass ich besser darin werde? Was möchtest du mir beibringen?"

Wir können ohne Treue keine echte Frucht für das Reich Gottes in unserem Leben hervorbringen. Aber im Treusein sollten wir etwas dafür tun, dass Frucht entsteht, und sie auch erwarten. Wir sollten uns nach Kräften dafür einsetzen, demütig lernen und danach trachten, in den Reich-Gottes-Sachen besser zu werden und dem Vater erlauben, uns das zu geben, was wir für ein solches Leben brauchen.

Treue und Frucht.

Charakter und Kompetenz.

Diese Realitäten bilden die Lebensgrundlage eines missionalen Leiters. Christen für Mission ausserhalb der Kirchenmauern zu mobilisieren gehört zu den Kompetenzen und Fähigkeiten, die sie sich im Laufe der Zeit aneignen werden, aber es muss mit Charakterstärke gepaart sein.

EISBERG VORAUS

Jesus beschreibt die Existenz einer inneren und einer äusseren Welt, und diese beiden Welten sind verbunden. Es gibt unser Leben mit dem Vater, das niemand wirklich sehen kann, und es gibt das äussere Leben, das die Leute sehen können.

Als eine von vielen Geschichten verwendet Jesus das Gleichnis über das Äussere und das Innere eines Bechers zur Beschreibung dieser Realität.[7] Das Innere des Bechers steht für das, was sich in unserem Inneren abspielt und für niemanden sichtbar ist, und für die Verbindung zu unserem Vater – der Charakter. Die Aussage „Charakter ist das, was du machst, wenn niemand zuschaut" ist uns wahrscheinlich allen vertraut.

Das Äussere des Bechers steht dafür, was ausserhalb von uns geschieht und von unseren Mitmenschen wahrgenommen werden kann – Kompetenz. Jesus scheint sagen zu wollen, dass die äussere Welt nur dann zum Reich Gottes gehören kann, wenn der Inhalt aus der inneren Welt *überfliesst*, einer Welt, die er in uns gestaltet, wenn wir in Beziehung zu ihm leben.

---

[7] Matthäus 23,25-26

Stellt euch einen Eisberg vor. Bei einem Eisberg sieht man höchstens etwa 13 Prozent des gesamten Eisbergs. Die übrigen 87 Prozent sind unter Wasser, sie sind überhaupt nicht sichtbar. Die unsichtbaren 87 Prozent aber tragen die schwimmenden sichtbaren 13 Prozent. **Der grössere, versteckte Teil hält und unterstützt den sichtbaren Teil.**

Jesus sagt, das Gleiche gilt für uns. Wenn wir missionale Leiter sein und missionale Leiter multiplizieren wollen, die unglaubliche Dinge erleben – Bewegungen, die wir vom Hörensagen aus anderen Teilen der Welt kennen oder über die wir in der Apostelgeschichte lesen – brauchen wir eine innere Welt zur Unterstützung der äusseren Frucht. Unser Hauptfokus muss der inneren Welt gelten, unserem Leben aus der beständigen Verbindung zum Vater. Deshalb sagt Jesus, wir können ausserhalb der Verbindung zu ihm keine Frucht für das Reich Gottes tragen.[8] Oder mit den Worten von Paulus: „Da wir also durch Gottes Geist ein neues Leben haben, wollen wir uns jetzt auch auf Schritt und Tritt von diesem Geist bestimmen lassen."[9]

Das Problem liegt natürlich darin, dass wir das Ganze umgekehrt haben.

Wir sind süchtig geworden nach dem Tun und legen sehr wenig Wert auf das Sein. Liegt es uns mehr am Herzen, für Gott zu arbeiten als mit Gott zusammen zu sein? Wissen wir überhaupt, wie wir mit Gott zusammen sein können, ohne daran zu denken, was wir als Nächstes für ihn tun können? Kann es sein, dass wir hoffen, all unser Tun für ihn wird uns irgendwie definieren – wodurch es im Leben tatsächlich viel mehr um uns geht als um ihn?

Wenn unser Leben so aussieht, wie können wir dann hoffen, dass wir missionarische Leiter für einen andersartigen Lebensstil formen und prägen können? Wie können wir überhaupt andere Menschen an Orte bringen, an denen wir selbst noch nie waren?

---

[8] Johannes 15
[9] Galater 5,25

Charakter. Kompetenz.
Sein. Tun.
Inneres. Äusseres.
Treue. Frucht.

Zusammenfassend möchten wir sagen: Bevor wir missionale Leiter formen und multiplizieren können, müssen wir zuerst Jünger von Jesus sein. Dabei ist unser Charakter das A und O.

Wie wird nun der Charakter in unserem Leben geformt? Und wie können wir ihn bei anderen formen? Auf diese Fragen wollen wir im nächsten Kapitel eingehen.

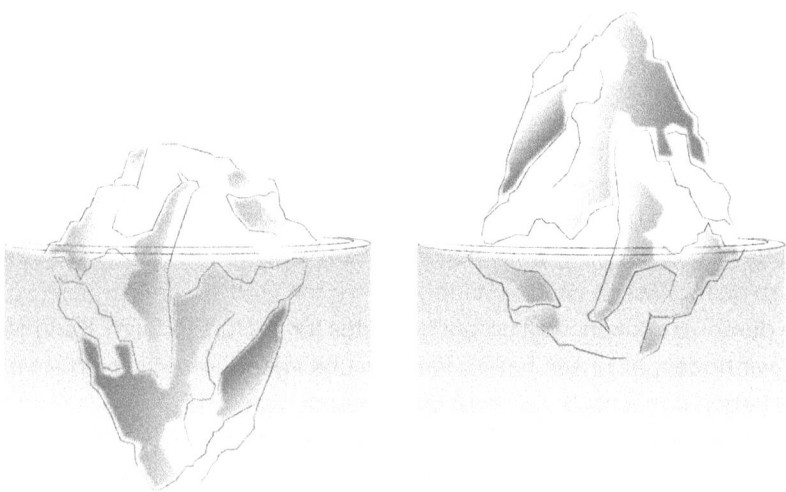

3
DER CHARAKTER

Wir wollen uns jetzt genauer mit der Charakter-Komponente von Jüngerschaft und missionaler Leiterschaft befassen.

Beim Gedanken an den Charakter, das Sein und die innere Welt stellen sich die Leute oft die Frage nach dem „Tiefgang". Ich höre immer wieder von Christen, die häufig die Gemeinde wechseln – sogenannte „Churchhopper" –, sie seien auf der Suche nach einer Gemeinde mit echtem „Tiefgang". Diese Churchhopper räumen vielleicht ein, dass ihre vorherige Gemeinde einmal Tiefgang hatte. Ihres Erachtens hat die Gemeinde irgendwann angefangen, sich unter ihrem Wert zu verkaufen, das Evangelium und die Schrift in verschiedener Hinsicht zu verwässern und nicht mehr „in die Tiefe zu gehen".

„Wir wollen einfach wirklich nahrhafte Predigten", hört man von ihnen.

Ich glaube, ich weiss, was sie damit meinen, frage mich aber: Wollen sie das?

Die meisten von uns sind sich dahin gehend einig, dass wir in unserem geistlichen Weg hier auf der Erde **Transformation** erleben wollen. Wir möchten zunehmend im Reich Gottes leben, wo uns, aber auch durch uns, Gott und sein Leben immer mehr zur Verfügung steht und dieses Leben dann auch zu den Menschen und der Welt, in der wir leben, gelangt. Genau darum geht es bei Jüngerschaft: Im Jüngerschaftsprozess lernen wir jetzt, genau hier und heute, im Reich Gottes zu leben. Das wird uns als Jesus-Nachfolgern angeboten.[10]

---

[10] Ich möchte darauf hinweisen, dass einige meiner Gedanken hier verschiedenen Gesprächen und E-Mails zu diesem Thema mit Doug Paul und Bern Sternke entstammen. Dieser Abschnitt ist also in verschiedener Hinsicht ein Gemeinschaftsprodukt.

Ich halte aber diesen Impuls, „mehr in die Tiefe zu gehen", von dem die Leute oft meinen, er offenbare ihren Charakter, im Grunde genommen für geistliche Langeweile mit dem Hintergrund, dass sie in ihrem Leben als Jünger stehen geblieben sind. Ihr kennt die Anzeichen. Vielleicht leben wir nicht mehr im Gehorsam, weil es zu schwierig geworden ist. Vielleicht haben wir auch nie wirklich gehorcht. Vielleicht vernehmen wir Gottes Stimme nicht mehr und finden es im momentanen Lebensabschnitt besonders schwierig, ihn zu hören. Vielleicht haben wir ihn aber auch nie wirklich gehört. Es kommt uns so vor, als sei Gott weit weg. (Es gibt natürlich auch andere Ursachen für solche Zustände — zum Beispiel die dunkle Nacht der Seele.)

Beim Auftreten solcher Symptome stellen meiner Meinung nach die Leute eine falsche Diagnose und verschreiben etwas, das letztlich gar nicht so viel bringt: etwas Neues über die Bibel zu lernen. Ich denke, was sie wirklich suchen, ist einfache, radikale Jüngerschaft. Sie möchten ein bedeutungs- und sinnvolles Leben führen. Sie möchten Leiter in einer Reich-Gottes-Bewegung werden. Und das bekommen sie nicht nur durch das Hören von Gottes Wort. Sie müssen es tun, um es zu bekommen.

Mit den Worten von John Wimber ausgedrückt: *„Das Fleisch ist auf der Strasse."*[11]

Wir befassen uns hier mit dem Charakter als Schlüsselbestandteil des Leiterseins und des Multiplizierens solcher Leiter, die Bewegungen, wie man sie auf der Strasse sieht, ins Leben rufen. Dazu müssen wir neu definieren, was es heisst, wirklich in die Tiefe zu gehen: die Lehren von Jesus praktisch umzusetzen. Hier wird es konkret, und viele geben auf.

Allzu oft suchen Leute mit ihrem Wunsch nach Tiefgang den Adrenalinschub, den sie erleben, wenn sie etwas völlig Neues hören, sei es eine neue Idee, ein neues Paradigma oder eine neue Sichtweise. Wir spüren dann dieses spezielle Kribbeln. Wir mögen dieses kribblige Gefühl und wollen mehr davon, denn je mehr es kribbelt, desto heiliger fühlen wir uns, und (wie wir zu Unrecht meinen) desto mehr wird unser Charakter geformt.

....

[11] Es handelt sich um ein bekanntes Zitat von John Wimber. Man hörte diese Worte von ihm in beinahe jedem Kontext, in dem er leitete oder predigte.

Richard Rohr entlarvt dieses Denken:

Wir gehen davon aus, dass Menschen sich verändern, wenn man ihnen neue Ideen liefert. Das ist nicht so. Wenn man an Ideen glaubt, muss man sich nämlich nicht entscheidend verändern – vor allem, wenn man darüber argumentieren kann. Mit Ideen kann man sich schützen.

Wenn du die richtigen Worte hast, giltst du als rechtgläubiger und gesetzestreuer Christ. Wir haben Menschen auf dem Scheiterhaufen verbrannt, weil sie nicht die richtigen Worte hatten, aber meines Wissens nie, weil sie nicht geliebt oder vergeben oder sich nicht um die Armen gekümmert haben. Die Religion unterhält eine Liebesbeziehung zu korrekten Worten und korrekten Ideen, wohingegen Jesus Menschen liebte, die nie perfekt sind.

Um neue Gedanken zu denken, brauchst du dich nicht grundsätzlich zu verändern. Du musst dich immer verändern, um normale Menschen zu lieben und ihnen zu vergeben. Wir lieben jede Religion, die uns dazu auffordert, andere Menschen zu verändern. Wir vermeiden jede Religion, die uns selbst immer wieder zur Veränderung auffordert.[12]

Ich sage nicht, dass Leute mit einer solchen Denkweise keine Christen sind; ich sage, sie verstehen das Bild des Lebens als Christ nicht, das Jesus aufzeigt und zu dem er sie einlädt. Solche Leute können nie missionale Leiter werden.

Lehre haben wir den Leuten weit über ihren Gehorsamspegel hinaus vermittelt. Sie brauchen nicht mehr Information. Sie müssen vielmehr tun, wozu die Bibel sie auffordert! Jeff Vanderstelt hat es folgendermassen in Worte gefasst:

Wenn ich mit Leitern und Leuten rede, die gern mehr Bibelstudium (in unserer Gemeinde) hätten, frage ich sie oft, mit welchem Buch der Bibel sie sich zuletzt befasst haben. Nehmen wir mal an, sie hätten mit „Jakobus" geantwortet.

Dann sage ich in etwa: „Das ist toll! Ich bin sicher, dass ihr euch jetzt um Witwen und Waisen kümmert, Kranke besucht, euch um die Armen küm-

....

[12] Sinngemäss aus How Men Change: A Thin Time (CD, DVD, MP3) von Richard Rohr

mert usw. …!" In der Regel lassen sie daraufhin verlauten: „Tja, ähm … eigentlich nicht." Ich frage sie dann: „Aber ich dachte, ihr hättet euch mit Jakobus befasst?" „Ja, schon, aber das mache ich nicht unbedingt."[13]

Wie mein Freund Alex Absalom sagen würde: „Das Problem mit den Christen besteht nicht darin, dass sie nicht verstehen, was Jesus gesagt hat. Das Problem mit den Christen besteht darin, dass sie nicht tun, was Jesus gesagt hat." Bei Jesus ging es immer um Vermehrung. Um es mit seinem Gleichnis auszudrücken: Ein reifer Baum trägt (vermehrt) Frucht.

Jim Putnam schreibt in diesem Zusammenhang: „Ich kenne viele Christen mit der Fähigkeit zu geistlicher Elternschaft. Sie machen das aber nicht zur Priorität. Sie würden sich selbst gern als reif bezeichnen, sind es aber meines Erachtens nicht. Warum? Weil sie die Mission von Jesus, nämlich Jünger zu machen, in ihrem Leben nicht in den Mittelpunkt gestellt haben."[14]

GUTE JUNGS UND TIEFGANG

Der reiche Jüngling hatte diese Art von Impuls, über die wir gesprochen haben. Er fragte Jesus: „Was muss ich tun, um gerettet zu werden?" Obwohl er ein guter Junge war, trieb ihn etwas dazu weiterzugehen, „mehr in die Tiefe zu gehen". Er merkte, dass dieser Typ Jesus eine Menge wusste, vielleicht wüsste er ja auch, was ein guter Junge noch tun muss.

Jesus nahm ihn, glaube ich, ein bisschen auf die Schippe, als er ihn aufforderte, den Geboten Folge zu leisten. Es ist fast, als würde Jesus zu ihm sagen: „Hat das für dich nicht gereicht?" Aber der reiche Jüngling wollte immer noch mehr. Daraufhin sagte Jesus: „Ich sage dir jetzt, was dir fehlt und was du wirklich brauchst: Verkaufe alles, was du hast, und komm und folge mir nach."

Die Antwort lag im Zusammensein mit Jesus. Jesus wollte nicht, dass der reiche Jüngling nur etwas über Gott oder die Bibel oder die Schrift wusste. Er lud ihn ein und forderte ihn heraus, zu kommen und Gott kennenzulernen und aus dieser Beziehung heraus geformt zu werden. Dem reichen Jüngling wurde

---

[13] http://www.vergenetwork.org/2011/02/08/how-is-a-missional-community-different-from-a-printable/

[14] Auszug aus Jim Putnams Buch Real-Life Discipleship: Building Churches that Make Disciples

hier eine absolut einmalige Gelegenheit für ein Praktikum angeboten. (Übrigens wird auch uns allen diese absolut einmalige Gelegenheit für ein Praktikum angeboten. Mit Jesus als Jünger zu leben ist die beste Gelegenheit, die du als Mensch je bekommen kannst.)

Anstatt aber darauf einzugehen, ging der reiche Jüngling traurig fort, weil er sich nicht von seinem Reichtum trennen wollte. Er konnte sich nicht darauf einlassen, alles aufzugeben. Etwas in seinem Leben war grundlegend falsch geordnet. Tim Keller, dessen Ansicht wir teilen, beschreibt Götzendienst als eine Tendenz, aus einer guten Sache eine ausserordentliche zu machen.[15]

Der reiche Jüngling ging auf der Suche nach einer „tieferen" Lehre zu Jesus, aber Jesus wusste, dass er sich im Grunde genommen nach der Freiheit und Freude sehnte, die mit dem Jüngersein bei Jesus einhergehen. Der reiche Jüngling wollte den Adrenalinschub durch einen neuen Gedanken aus der Schrift. Er kannte alles und wollte etwas Neues. Aber er bekam einen Adrenalinschub anderer Art, als Jesus ihn aufforderte, wirklich in die Tiefe zu gehen. Jesus teilte ihm mit: *Du verstehst nicht wirklich, warum man das Gesetz kennen soll. Dagegen kannst du nur eins machen: Du musst mit mir zusammen sein!*

Der reiche Jüngling war an den richtigen Antworten interessiert, und er war daran interessiert, Gott nachzufolgen und sogar „in die Tiefe zu gehen". Aber er interessierte sich nicht für etwas, wofür er sein Innenleben ändern musste, um die Sachen anzugehen, die sich da lautstark bemerkbar machten.

Das ist mein Hauptproblem mit den „Tiefgang"-Leuten. Wenn ich kurz eine grobe Verallgemeinerung vornehmen darf, sehe ich diese Leute so: Sie wollen die Bibel bis zum letzten Buchstaben ausdeuten, was durchaus gut sein kann, aber sie wollen nur selten wirklich etwas damit machen. Sie denken, über etwas Bescheid zu wissen sei dasselbe wie etwas zu kennen. Sie sind der Lüge auf den Leim gegangen, mehr Bibelwissen verändere uns.

Das tut es nicht.

....

[15] Das genaue Zitat lautet: „Eine gute Sache von vielen wurde zu einer ausserordentlichen Sache gemacht, sodass ihre Ansprüche sämtliche konkurrenzierenden Werte übertrafen." Aus Tim Keller, *Counterfeit Gods: The Empty Promises of Money, Sex and Power, and the Only Hope that Matters* (New York, Penguin, 2009), S. 8.

Tun, was die Bibel sagt, und Gottes Stimme Folge zu leisten verändert uns. Damit soll nicht gesagt werden, Bibelwissen sei nicht wichtig oder die Kenntnis von Glaubensgrundsätzen und Doktrin sei nicht wichtig. Aber es geht entscheidend darum, dass die Heilige Schrift in dir Gestalt gewinnt. Du liest den Text, und der Text liest dich. Jesus lässt das in deiner Beziehung zu ihm Wirklichkeit werden. Du verkörperst die Aussagen der Bibel in Fleisch und Blut.

Letztlich sind die Heilige Schrift, Glaubensbekenntnisse und Doktrinen Aussagen darüber, was unseres Erachtens Realität ist — lasst uns also in der Realität leben! Das können wir nicht von unserem Lebensstil loslösen oder davon unabhängig betrachten. **Wenn du nicht aktiv danach trachtest, in dieser Realität zu leben, glaubst du nicht wirklich an sie.**

Wie kann das geschehen? Voraussetzung ist der tiefe Wunsch, dass ich mich in meiner Zerbrochenheit verändern und Gottes Heiligen Geist in meinem Leben wirken lassen möchte. Dazu muss ich sagen können: „Ich lebe nicht ganz in der Realität Gottes und seines Reiches. Ich möchte mein Leben künftig so ausrichten, dass ich wirklich darin lebe."

Diesen Wunsch habe ich bei den Leuten, die auf der Suche nach „Tiefgang" sind, nicht erlebt. Sie suchen nach dem Adrenalinschub.

Wir brauchen keinen Adrenalinschub. **Wir müssen Menschen sein, die mit Jesus zusammen sein wollen, um des Zusammenseins mit ihm willen.** Wenn wir das nicht wollen, warum um alles in der Welt sind wir dann Christen geschweige denn christliche Leiter? Ohne mit Jesus zusammen zu sein und von ihm geformt zu werden, können wir keine missionalen Leiter sein beziehungsweise missionale Leiter multiplizieren.

Wie können wir nun wissen, ob das geschieht, ob diese Art von Charakter in uns Gestalt annimmt? Ein Teil dieser Reife wird uns in Galater 5 aufgezeigt. Wir werden merken, dass in unserem Leben und in der durch uns entstehenden Kultur in unserer Umgebung (denn Leiter definieren Kultur) in besonders starkem Mass Liebe, Freude, Frieden, Geduld, Freundlichkeit, Güte, Sanftmut, Treue und Selbstbeherrschung vorhanden sind. Auch hier weist die Frucht auf die Wurzel hin.

Aber es sind mächtige Kräfte am Werk, die verhindern wollen, dass dies in unserem Leben als missionale Leiter und im Leben der Leiter, die wir formen möchten, Realität wird. Wir müssen uns klar machen, dass alles in unserer Kultur darauf ausgerichtet ist, genau das zu verhindern.

IN DIE EINÖDE

Wir wollen zusammen einen der Berichte über die Versuchung Jesu in Lukas 4 anschauen:

> [1]Erfüllt mit dem Heiligen Geist, verliess Jesus die Jordangegend. Vierzig Tage war er, vom Geist geführt, in der Wüste [2]und wurde vom Teufel versucht. Während jener ganzen Zeit ass er nichts, sodass er am Ende sehr hungrig war.
>
> [3]Da sagte der Teufel zu ihm: „Wenn du Gottes Sohn bist, dann befiehl diesem Stein hier, er soll zu Brot werden."
>
> [4]Aber Jesus gab ihm zur Antwort: „Es heisst in der Schrift: ‚Der Mensch lebt nicht nur vom Brot'".
>
> [5]Der Teufel führte ihn an eine hochgelegene Stelle, zeigte ihm in einem einzigen Augenblick alle Reiche der Erde [6]und sagte: „Alle diese Macht und Herrlichkeit will ich dir geben. Denn mir ist alles übergeben, und ich gebe es, wem ich will. [7]Du brauchst mich nur anzubeten, und alles gehört dir."
>
> [8]Aber Jesus entgegnete: „Es heisst in der Schrift: ‚Den Herrn, deinen Gott, sollst du anbeten, ihm allein sollst du dienen'".
>
> [9]Der Teufel führte ihn auch nach Jerusalem, stellte ihn auf einen Vorsprung des Tempeldaches und sagte: „Wenn du Gottes Sohn bist, dann stürz dich von hier hinunter! [10]Denn es heisst in der Schrift: ‚Er wird seine Engel schicken, damit sie dich behüten. [11]Sie werden dich auf ihren Händen tragen, damit du mit deinem Fuss nicht an einen Stein stösst'".
>
> [12]Jesus erwiderte: „Es heisst aber auch: ‚Du sollst den Herrn, deinen Gott, nicht herausfordern'!"
>
> [13]Nachdem der Teufel alles versucht hatte, um Jesus zu Fall zu bringen, liess er ihn für einige Zeit in Ruhe.

Jesus hatte den Auftrag vom Vater erhalten und war mit dem Heiligen Geist erfüllt worden. Mit dieser Salbung wurde er weg vom Jordan in die judäische Wüste geführt. Die Entfernung ist nicht sehr gross — heutzutage ist es 30 Minuten Fahrweg.

Dort, wo sich Jesus aufhielt — höchstwahrscheinlich in der Wüste zwischen Jericho und Jerusalem — gibt es ein Aquädukt, das das Wasser direkt von Herodes Palast in Jericho in die Stadt Jerusalem brachte. Natürlich brauchte Jesus Wasser für 40 Tage in der Wüste ohne Essen. Deshalb nimmt man allgemein an, dass er an dieser Stelle versucht wurde.

Während dieser Wüstenzeit griff der Teufel Jesus in dem Bereich an, mit dem er ihn am besten von seiner Arbeit abbringen konnte: seiner Identität. Der Teufel verfügt über das nötige Know-how zum Umgang mit Menschen. Er hat schon sehr lange mit ihnen zu tun. Er wusste also, dass er Jesus im Bereich seiner Identität erschüttern musste. Genau dort setzte er an. Er versetzte der Identität einen Schlag, indem er dreimal wiederholte: „Wenn du Gottes Sohn bist …"

Wir müssen uns mit dem Thema Identität befassen, denn dort werden die meisten Schlachten im Zusammenhang mit dem Charakter ausgefochten. Dort griff der Teufel Jesus an, und hier greift er uns auch an. Wenn wir uns damit nicht auseinandersetzen, kann unsere missionale Leiterschaft stark beeinträchtigt werden.

Werfen wir einen genaueren Blick darauf, womit der Feind Jesus angegriffen hat: Appetit. Anerkennung. Ambition. (Ich weiss, alles fängt mit demselben Buchstaben an. Warum auch nicht? Die Alliteration ist ein Geschenk Gottes an uns!) Schauen wir uns an, was diese Punkte über uns aussagen.

Appetit

Als der Teufel Jesus versuchte, sagte er als Erstes: „Wenn du der Sohn Gottes bist, dann mache diese Steine zu Brot." Er zielte auf das Thema Appetit ab. Der Feind griff Jesus im Bereich Appetit (Verlangen) an. Weil unser Verlangen uns zeigt, wer wir aufgrund unserer Bedürfnisse sind. Unsere Bedürfnisse tragen somit zu unserem Selbstbild bei.

Es gibt grundlegendes Verlangen — das Verlangen nach Nahrung, Sex, Schutz, Lebenserhaltung, Pflege, um nur einige zu nennen. Diese grundlegenden Bereiche wirken als auslösende Mechanismen im Herzen des Menschen, und es handelt sich bei allem um gute Sachen.

Durch sein einsames Fasten in der Wildnis befasste sich Jesus mit einem Verlangen in seinem Leben, dem Hunger. Indem er zu einem Verlangen in seinem

Leben *Nein* sagte, stellte er sich auch der Frage, was erforderlich ist, um zu sämtlichen Verlangen Nein zu sagen.

Enoch Adeboye, ein wirklich heiliger Mann, der die Erweckung in Nigeria leitet, sagte mir vor langer Zeit: „Weisst du, die Christen in Grossbritannien müssen wirklich lernen zu fasten. Sie müssen fasten, um zu bestimmten Dingen Nein sagen zu können, und sie müssen fasten können, damit sie in sich selbst durch die Kraft Gottes den Widerstand gegen andere Dinge abbauen können."

Ich bat ihn, mir das genauer zu erklären.

Er sagte: „Unsere Verlangen sind wie kleine Kinder. Wenn du zu keinem von ihnen Nein sagst, haben sie dich im Griff. Wenn du lernst, zu einem von ihnen nein zu sagen, hören und sehen sie das alle, und sie wissen, dass der in dir wirkende Geist die Fähigkeit schafft, zu allen nein zu sagen. Und tatsächlich: Durch das Neinsagen zu einem von ihnen befähigst du dich selbst, zu allen anderen nein zu sagen."

Wenn du ein unkontrolliertes Verlangen in deinem Leben hast, lässt sich das vielfach am besten indirekt angehen. Geistliche Vorbilder über die vergangenen Jahrhunderte geben davon Zeugnis. Geistliche Reife entsteht für gewöhnlich durch indirekte Anstrengung. Um es mit Dallas Willard zu sagen: *„Sage Nein zu den Sachen, zu denen du Nein sagen kannst. Dadurch lernst du, zu den Sachen nein zu sagen, wo du es nicht kannst."*[16]

Die indirekte Anstrengung spielt beim Sporttraining heutzutage eine entscheidende Rolle. Schwimmer verbringen mehr Zeit als je zuvor im Fitnessstudio. Sie trainieren Muskeln, die man allem Anschein nach beim Schwimmen gar nicht braucht. Genau dadurch bereiten sie sich aber auf den Erfolg vor.

Es geht um indirekte Anstrengung.

Im Laufe der Jahre habe ich oft mit jungen Männern gesprochen, die mit Pornografie zu kämpfen hatten. Die Infiltration durch Pornografie hat ein solches Ausmass erreicht, dass man von einer Epidemie sprechen kann. Sie ist regelrecht überall. Nicht damit zu kämpfen, ist nahezu unmöglich. Wie geht man

....

[16] Zitiert von der nationalen Ecclesia-Zusammenkunft 2010. Mehr dazu in Willard, *The Spirit of the Disciples*

damit um? Es ist ein Verlangen. Dein Körper und deine gesamte „Verkabelung" legen dir nahe, dass du sie brauchst. Du musst also zu diesem Verlangen Nein sagen können.

Wenn du aber einfach versuchst, direkt zu diesem Bedürfnis nein zu sagen, funktioniert es nicht ganz. Es scheint eine gewisse Macht über uns zu haben. Dann erwirbst du die Fähigkeit zum Neinsagen, indem du ein anderes Verlangen angehst, das sich leichter aufs Korn nehmen lässt – wie zum Beispiel das Essen durch Fasten.

Für manche ist Essen das Verlangen, zu dem sie nicht Nein sagen können. Dann musst du zum Fernsehen oder zum iPod im Auto Nein sagen. Es spielt keine Rolle, was es bei dir ist. Finde heraus, bei welchem Thema du Nein sagen kannst. Der Feind wird versuchen, unsere Identität im Bereich des Verlangens zu untergraben, weil er weiss, dass es sich um ein wirklich grundlegendes Bedürfnis handelt.

Wenn du missionale Leiter formen wirst, musst du das wissen. Was sind bei der kleinen Anzahl Leute, die du bejüngerst und in die du dein Leben investierst, die Gelüste, die sie wie kleine Kinder im Griff haben? Wie kannst du ihnen helfen? Wie können sie sich dir gegenüber verbindlich machen?

Anerkennung

Der Feind hat es auch auf unseren Wunsch nach Anerkennung abgesehen. Anstatt darin zur Ruhe zu kommen, dass wir Söhne und Töchter des Königs und in eine Familie mit einem liebenden Vater adoptiert worden sind, merken wir, dass wir die Anerkennung der Menschen in unserer Umgebung brauchen und verzweifelt hoffen, dass sie unseren Wert bestätigen. Vielleicht hoffen wir, dass sie uns mögen oder uns als erfolgreich einschätzen.

Viele von uns haben ihre Identität von der Anerkennung anderer Menschen abhängig gemacht anstatt von der Liebe unseres Vaters, der – bevor wir irgendetwas für ihn machen — zu uns sagt: „Ich liebe dich. Ich bin stolz auf dich. Ich glaube an dich. Das war schon immer so und wird auch immer so sein."

Betrachte es einmal von dieser Warte aus: Fast alle, die ich kenne, ringen mit der Frage, wie sie die von ihnen geleiteten Menschen am besten herausfordern können, in ihrer Reich-Gottes-Verantwortung zu leben. Wenn es darum geht, Herausforderungen auszusprechen oder zu empfangen, brauchen wir Vollmacht, um in das Leben eines anderen Menschen hineinzusprechen. Wenn du aber denkst, du kannst nur deshalb, weil du eine übergeordnete Stellung hast, vollmächtig in das Leben eines anderen Menschen hineinsprechen, wirst du noch auf die Welt kommen. Unsere Autorität kommt aus dem Wissen, dass Gott uns schon liebt und dass unsere Identität feststeht, nicht aber durch einen Titel, der uns als Machtinstrument dient.

Denke noch einmal an die Rolle als missionaler Leiter. Siehst du hier die Verbindung zwischen Innen- und Aussenwelt? Wenn deine Autorität zum Reden mit Zuversicht vom Heiligen Geist kommt, der in dir als Kind Gottes am Wirken ist, begleitet von dem Wissen, dass er dich liebt und zu dir steht, dann kannst du dich auf dieser Autorität gründen. Wenn aber deiner Identität eine Position zugrunde liegt, die du zu haben meinst, sowie deine eigene Einsicht oder Weisheit, dann sind Probleme beim Leiten anderer Menschen schon vorprogrammiert.

Die meisten von uns fürchten sich so stark davor, was die Leute in der Gemeinde über uns denken, wenn wir sie herausfordern, ihrer wahren Identität gemäss zu leben, dass wir nie die Aufgaben in Angriff nehmen, die Gott uns übertragen möchte. Ist es für dich ein Kampf, Menschen herauszufordern oder zur Verbindlichkeit anzuhalten? Fällt es dir schwer, andere zu berufen, ihre Verantwortung wahrzunehmen, Reich-Gottes-Charakter auszuleben und ihren rechtmässigen Platz einzunehmen, indem sie den König gut vertreten — dann liegt der Grund darin, dass du dir deiner Identität in Gott noch nicht sicher bist. Hier geht es um Identität. Entweder du glaubst, dass du ein Kind Gottes und deshalb bevollmächtigt bist, ihn dort, wohin er dich berufen hat, zu vertreten, oder du glaubst es nicht.

Eine solche Aussage (die offensichtlich in sich selbst und aus sich heraus eine Herausforderung darstellt) lässt dich innehalten und bringt dich zum Nachdenken. Genau das ist beabsichtigt. Die Stellen, an denen du Bestätigung suchst, betreffen den Kern unserer Identität.

Ambition

Der Teufel testete Jesus zum Thema Ehrgeiz mit der Aufforderung: „Stürz dich vom höchsten Ort des Tempels und schau mal, ob dich Gottes Engel auffangen."

Vor Kurzem durfte ich Zeit mit lieben Freunden im Heiligen Land verbringen, und wir hatten Gelegenheit, viele mit dem Leben Jesu verbundene Stätten zu besuchen. An einem Ort schauten wir die Westmauer hinauf. Ganz oben ging die Mauer etwa 18 Meter über den Punkt hinaus, an dem der Trompeter bei den Festen mehrmals herauskam. Es war der höchste Punkt des Tempelbergs.

Das war eine ziemliche Distanz von ganz oben! Wenn du dort herunterspringen und auf den Boden schweben würdest, wo die Menschenmenge auf dem Freiluftmarkt herumwuselt, wäre das ein sensationeller Start für deinen Dienst! Deinen Dienst mit einem Sprung von dort zu starten und dann „Tada!" zu rufen, würde dir fast sicher einen Buchvertrag und ein paar Serienauftritte an christlichen Konferenzen einbringen.

Im Grunde genommen war es das, was der Teufel Jesus hier anbot. Er sagte gleichsam: „Du bist sicher ehrgeizig genug, um das hier vom Stapel zu lassen. Du hast einen Job zu erledigen. Also leg mal los damit!" Er bot Jesus eine Abkürzung an, nicht auf dem Gehorsamsweg, sondern durch Sensationslust. Anders ausgedrückt wurde Jesus dazu aufgefordert, seinen Charakter zu opfern und stattdessen von Anfang an einen grossen Coup mit vielen Nachfolgern zu landen. Er wurde in Versuchung geführt, seinen Dienst mit einem grossen Kracher zu starten.

Lasst uns das Thema Ehrgeiz im Zusammenhang mit missionaler Leiterschaft anschauen. Warum machst du die Sachen, die du machst? Machst du sie aufgrund deines Gehorsams? Deiner Treue? Deiner Liebe zu Jesus? Oder geht es um deinen eigenen Ehrgeiz und deinen Wunsch, als erfolgreich zu gelten (was auch immer deiner Meinung nach Erfolg ist)?

VERSUCHUNG UND KULTUR

Ich habe beobachtet, dass diese drei Bereiche – Appetit, Anerkennung und Ambition – Versuchungen sind, die der Teufel immer wieder einsetzt, sei es im Leben einzelner Menschen, im Leben einer Ortsgemeinde oder sogar in einer ganzen Kultur. Die Bibel sagt uns klar, dass unser Feind aktiv ist und versucht, zu jedem Bereich, in dem wir wirken, Zugang zu bekommen. So probiert er, unsere Kulturen durch subtiles Einflüstern verzerrter Formen von Appetit, Anerkennung und Ambition zu untergraben. Der Teufel hat offensichtlich gegen den Sohn Gottes seine besten Strategien eingesetzt, und wir können davon ausgehen, dass er in seinem Bestreben, unsere Kultur zu beherrschen, genauso viel aufbietet. Wenn ich unsere Kulturen vom Standpunkt eines missionarischen Anthropologen betrachte, erkenne ich einige Muster, vor allem im Hinblick auf die Vereinigten Staaten und Europa. Lasst uns zusammen darüber nachdenken. Wie hat der Feind in unseren Kulturen gewirkt, dass die drei grossen Versuchungen im Leben so starke Anziehungskraft entwickelt haben?

DIE DREI VERSUCHUNGEN IN DER AMERIKANISCHEN KULTUR

Die amerikanischen Gründerväter, von den Zwängen der europäischen Feudalherrschaft befreit, waren der Überzeugung, jedermann solle die Möglichkeit haben, die Ziele zu erfüllen, die Gott ihm aufs Herz gelegt hatte: „Leben, Freiheit und Streben nach Glück" lautete ihr Schlachtruf.

Dementsprechend setzten sie sich ganz für die Freiheit des Individuums und für Demokratie ohne die Tyrannei der mittelalterlichen Monarchie ein. Die Menschen sollten frei sein, das zu tun und zu erreichen, was in ihren Möglichkeiten liegt, ohne klassen- oder statusbedingte Zwänge. Und diese Neue Welt, in der es Land und Ressourcen im Überfluss gab, bot einen Kontext, in dem all dies möglich schien.

Die frühe amerikanische Literatur sowie politische Rahmenbedingungen ermutigten die frisch befreiten amerikanischen Bürger, Überfluss anstelle von Knappheit in Anspruch zu nehmen:

Das Leben bedeutete Überfluss!

Freiheit hiess in erster Linie Freiheit des Individuums!

Streben nach Glück hiess, Ansprüche geltend zu machen!

In Amerika hat das Individuum Autorität. Es geht dabei um Freiheit. Verfasser in der Geschichte wie John Locke, David Hume und Adam Smith beeinflussten die intellektuelle Weltanschauung der Gründer. Diese Weltanschauung stellte die Grundlage der Kultur der Vereinigten Staaten dar. Sie besagt: „Du stehst unter keiner Herrschaft ausser von Gott. Du bist ein von ihm geschaffenes Individuum, bist allen anderen gleich und es steht dir frei, nach einem guten Leben zu streben." So lautet der Slogan der amerikanischen Kultur. Anerkennung und die Autorität, sie weiterzugeben, sind dem Individuum gegeben – deshalb sind im Leben der Amerikaner Aussagen über Freiheit und Demokratie so wichtig. Man ist der Ansicht, dass Freiheit und Demokratie den Einzelnen befähigen.

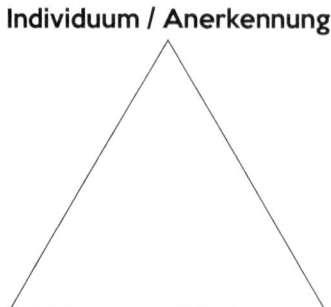

Individuum / Anerkennung

Beim Appetit ist, wie wir schon gesehen haben, die zugrunde liegende Erwartung im Leben der Amerikaner Überfluss. Es heisst, die amerikanischen Ureinwohner hätten staunend und fasziniert beobachtet, wie die Europäer kamen und systematisch alles umbrachten, was ihnen über den Weg lief. Als ob diese neuen Besucher sagen wollten: „Wow, wir dürfen jederzeit alles jagen. Zu Hause gehört alles Wild dem König. Nur er und seine Gefährten dürfen jagen. In dieser neuen Welt dürfen wir Gewehre besitzen. Lasst uns ein Gewehr kaufen und dann legen wir los und töten etwas!"

Aus diesem Blickwinkel könnt ihr verstehen, warum damals und jetzt der Besitz eines Gewehrs so wichtig war und ist und warum die Jagdfreiheit so eine grosse Bedeutung hat.

Aber die Sache geriet etwas ausser Rand und Band. Die Siedler legten alles um, alle Wandertauben, alle Bisons. Sie liessen haufenweise vergammelnde Kadaver auf den nordamerikanischen Ebenen zurück. Die Indianer sahen dem Treiben wütend zu. Mit einem Bison konnte man eine Familie ein halbes Jahr lang ernähren, und jetzt gab es keine mehr.
Der Überfluss grub sich tief in die amerikanische Psyche ein. Der demonstrative Konsum im Überfluss vorhandener Ressourcen zeigt heute, wie sich die Versuchung durch den Appetit auswirkt.

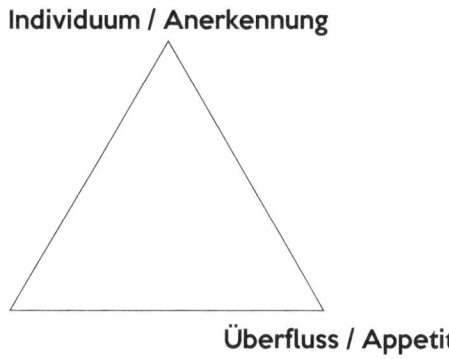

Wenn wir unseren Blick auf den Ehrgeiz richten: Die Amerikaner konnten ihre Ansprüche geltend machen. Überwältigt nahmen die Siedler aus Europa zur Kenntnis, dass es für jedermann genug Land gab. Wir können Berichte lesen, in denen in den höchsten Tönen der Begeisterung von der Besiedlung des Westens die Rede ist. Am 13. September 1893 fanden sich beispielsweise um die Mittagszeit 100 000 Menschen im Gebiet Cherokee Outlook, das jetzt als Oklahoma-Landzipfel bekannt ist, zum letzten Land-Run ein. Viele waren von der Ostküste zu Fuss gekommen. Könnt ihr euch das vorstellen? Alle kamen rechtzeitig zum Rennen. Für jeden Landanspruch gab es 57 Hektar, und insgesamt konnten 40 000 Leute ein Stück Land in Empfang nehmen (es waren insgesamt 2 280 000 Hektar!). Viele Leute mussten also enttäuscht zurückbleiben. Aber für alle, die beim Abfeuern der Kanonenschüsse losgerannt waren, um ihren Anspruch geltend zu machen, war Amerika das verheissene Land.

„Wenn du hart genug arbeitest, kannst du alles erreichen, was du willst." Das ist nicht nur eine Botschaft auf den Lippen von Politikern und in Fernsehprogrammen, die tagsüber laufen. Alle glauben daran!

Wie hat der Feind in diesen Bereichen gewirkt? Ich möchte euch aufzeigen, was ich beobachte.

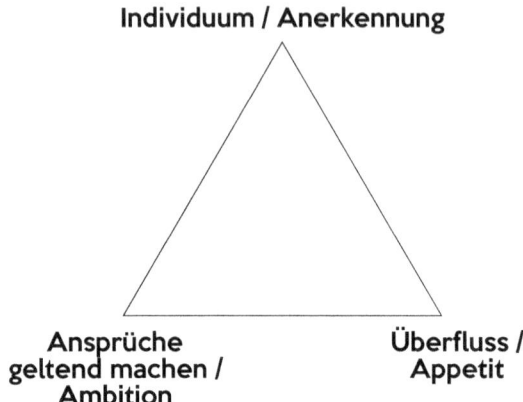

Die Betonung des Individuums ist zum Starkult verkommen, das Individuum wird vergöttert.

Der selbstverständliche Überfluss hat zum Konsumverhalten und zur Entwicklung der Konsumgesellschaft geführt.

Das Geltendmachen des eigenen Anspruchs hat ein starkes Konkurrenzverhalten unter den beteiligten Einzelpersonen ausgelöst.

DIE DREI VERSUCHUNGEN IM DEUTSCHSPRACHIGEN EUROPA

Wie aber sieht es in Europa, insbesondere im deutschsprachigen Europa, aus?

Hier gilt meines Erachtens dasselbe: Der Feind wird seine besten Strategien ins Feld führen, um die Kulturen auf der Welt gefangen zu halten. Er setzte bei Jesus seine besten Strategien ein, um das Wirken unseres Herrn durch die Versuchungen Appetit und Ambition zu untergraben. Dieselben Versuchungen wendet er bei uns an. In Amerika treten sie in einer anderen Form auf als in Europa.

Wenn wir uns grundlegend darüber Gedanken machen, auf welche Art und Weise sich die drei Versuchungen in der Geschichte Europas manifestiert haben, lässt sich meines Erachtens beobachten, dass – anstelle von Anerkennung, Appetit und Ambition – Ordnung, Haushalterschaft und Pflicht auf den Plan getreten sind.

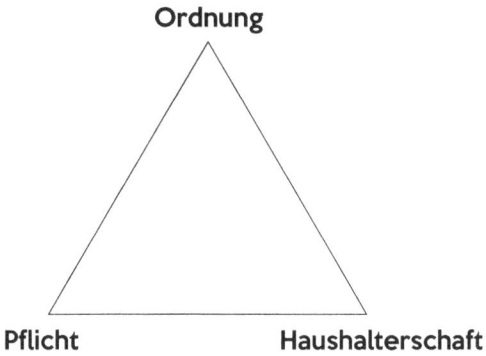

Anerkennung und Ordnung

Die Feudalherrschaft in Europa brachte eine geordnete Gesellschaft mit klaren Schichten mit sich. Es gab Leute oben und Leute unten und Leute in den verschiedenen Schichten dazwischen. Eigentumsbesitz blieb mit zunehmender Verstädterung, durch die Auswirkungen der Aufklärung sowie die Herausforderungen durch Hungersnöte und Kriege nicht mehr das Privileg einiger weniger, sondern wurde – etwas verallgemeinernd gesprochen — vielen Menschen möglich gemacht. Die Schichteneinteilung der Gesellschaft aber blieb bestehen. Es gab diejenigen in der Gesellschaft, die die soziale Ordnung schützten und Stellungen mit grossen Machtprivilegien bekamen. Dann gab es solche, die innerhalb dieser Ordnung funktionierten — eben alle anderen! Innerhalb der gesellschaftlichen ‚Ordnung' zu funktionieren bedeutete, dass wir innerhalb der Strukturen von Anerkennung und Missbilligung funktioniert haben! Zeitweise war das hilfreich, um solche Dinge wie die ‚gesetzliche Ordnung' aufrechtzuerhalten. Zu anderen Zeiten war es weniger hilfreich, weil es ein Klassensystem aufrechterhalten hat, wie man es noch heute in meinem eigenen Land, Grossbritannien, findet.

Appetit und Haushalterschaft

Grosse Bevölkerungsgruppen und, wenn wir ehrlich sind, die europäische Feudalgeschichte haben zu der Überzeugung geführt, dass Ressourcen knapp waren. Anders als in Amerika war das Leben der Menschen durch Knappheit bestimmt. Jean-Paul Sartre war der Überzeugung, Knappheit bestimme die Weltanschauung jedes Menschen. Positiv betrachtet führte das Erkennen der Knappheit zur Entwicklung der Haushalterschaft, nämlich der Verwaltung des Landes sowie unserer sämtlichen Ressourcen. Das wiederum hatte solch positive Beiträge zur Gesellschaft wie minimalistisches Design, das Bankenwesen und die Ökologiebewegung zur Folge.

Im schlimmsten Fall führt Knappheit zu einer Art ‚Armutsmentalität'. Diese Geisteshaltung geht mit einem Verhalten einher, das immer auf Angst gegründet ist – der Angst, nie genug zu haben –, und sie hat eine allgemeine Angst in allen unseren Beziehungen zur Folge. Die ‚Armutsmentalität' oder, wenn man so will, der ‚Armutsgeist', ist für den in unseren Gemeinden so häufig anzutreffenden fehlenden Mut zur Evangelisation verantwortlich. Wir fürchten uns vor dem, was passieren könnte, wenn wir Risiken eingehen. Sie ist ebenfalls verantwortlich für die allgemeine Risikoscheu, die der europäischen Kirche eine Entschuldigung für ihren Mangel an Glauben und Erwartung liefert. Wenn du lernst, wenig zu erwarten, bekommst du das in der Regel auch!

Ambition und Pflicht
In einer Gesellschaft, in der Ordnung eine wesentliche Rolle spielt und in der man möchte, dass Frieden und Harmonie herrschen, hat es einen hohen Stellenwert, dass ‚wir unsere Pflicht tun'. Indem wir unsere Pflicht tun, machen wir unsere Ambitionen in einer Gesellschaft mit hohem Ordnungsfaktor wahr. Wer schon einmal die Weihnachtsansprache der Königin an die britische Nation gehört hat oder die Antrittsreden europäischer Staatsoberhäupter, stellt fest, dass die Redner stets Bezug darauf nehmen, dass sie ‚ihre Pflicht tun' werden. Man hat den Eindruck, dass in Europa die Pflicht bestimmt, wie wir unsere grössten Ambitionen erfüllen. Wenn wir den Ehrgeiz haben zu leiten, müssen wir diesen Ehrgeiz verbal als Pflicht verpacken, damit die anderen mit dem von uns Erreichten gut umgehen können. In den Vereinigten Staaten ist das völlig anders. Dort werden die Ambitionen des Einzelnen immer gepriesen.

Pflichtbewusstsein ist im Allgemeinen eine gute Sache, und ganz sicher können viele Leute ausserordentlich davon profitieren. Aber es gibt eine Kehrseite der Medaille. ‚Unsere Pflicht tun' kann sich verhärten zu ‚unter dem Gesetz leben' — mit allen dadurch verursachten Problemen. Das Evangelium ist eine frohe Botschaft von der Gnade, nicht eine Botschaft des Gesetzes. Wenn wir unter dem Gesetz leben, stehen wir immer unter Leistungsdruck. Wenn unsere Ambitionen immer durch Pflichterfüllung legitimiert werden müssen, entsteht ein Kontext des „man sollte" und Motive werden verschwiegen. In einer solchen Welt sind machiavellistische Manipulation und pharisäerhafte Heuchelei verbreitet. Wenn du deine Ambitionen nicht offen und ehrlich verwirklichen kannst — dann verwirklichst du sie im Dunkeln!

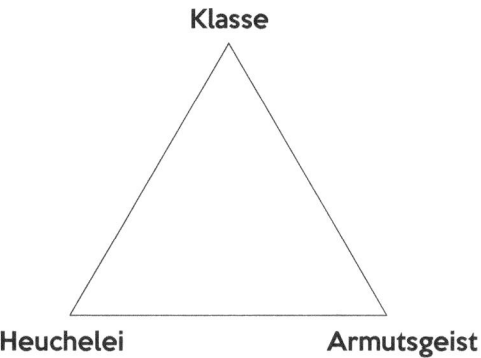

Für Europäer ist es immer einfach, auf Amerika zu schauen und die Unzulänglichkeiten der amerikanischen Gemeindekultur zu sehen. Oft ist es schwieriger, die Unzulänglichkeiten in unserer eigenen Gemeindekultur wahrzunehmen. Ich möchte uns alle ermutigen, auch dort den Massstab so klar und ehrlich wie möglich anzulegen, wo wir den Strategien des Feindes anheimgefallen sind, der uns mit den Versuchungen durch Anerkennung, Appetit und Ambition gefangen nehmen will.

IDENTITÄT

Bei diesen drei uns vertrauten Versuchungen geht es natürlich um Identität. Für den Teufel beginnt und endet alles mit der Identität. Er startete jede seiner Versuchungen mit: „Wenn du der Sohn Gottes bist …". Der Feind weiss, dass Identität der Schlüssel zu Autorität ist, und dass Autorität dazu führt, dass Macht ausgeübt wird, die sein Reich zerstört. Er hatte Angst davor, dass Jesus in seiner Identität wirken, seine Autorität ausüben und seine Macht einsetzen würde, um die vom Feind über Tausende von Jahren sorgfältig aufgebaute Kontrollinfrastruktur zu zersetzen. Jesus ging „erfüllt mit dem Heiligen Geist" in die Wüste (Lukas 4,1). Nachdem er die Versuchungen des Teufels überwunden hatte, heisst es, er verliess die Wüste „erfüllt mit der Kraft des Geistes" (Lukas 4,14). Mit dieser Kraft heilte Jesus die Kranken, trieb Dämonen aus, reinigte die Leprakranken und erweckte Tote. Jesus verfügte über die Macht, die gesamte Infrastruktur vom Reich des Feindes niederzureissen.

Für uns sieht es genauso aus. Alle diese Dinge beginnen und enden mit dem Thema Identität, und Identität ist nicht etwas, das wir in uns selbst hervorzaubern können. Sie wird uns von ‚aussen' verliehen. Wir sind darauf angewiesen, unsere Identität von einem unerschütterlichen, stabilen Ort zu erhalten. Unsere Identität muss vom Vater kommen, der zu uns sagt: „Du bist mein Kind, ich liebe dich und bin sehr stolz auf dich." Sobald uns klar wird, dass der Vater diese Worte nicht nur an Jesus, sondern auch an uns richtet, verändert sich alles.

AMNÄSIE

Das Komische an der Identität ist unsere Tendenz zu vergessen, wer wir sind. Wir lassen uns mehr und mehr von den Dingen definieren, durch die uns unsere Kultur definieren will, anstatt durch die Tatsache, dass wir Söhne und Töchter Gottes sind. Zum Glück weiss die Bibel, wie vergesslich wir sind. Sie versorgt uns mit einigen wirksamen Methoden, wie wir uns daran erinnern können, wem wir gehören und wer wir sind.

In den Psalmen heisst es oft, dass der Verfasser früh am Morgen aufsteht und Gott sucht. In den Evangelien steht dauernd, dass Jesus vor dem Morgengrauen aufstand und an ruhige, abgeschiedene Orte ging. Interessanterweise wird für diese „abgeschiedenen" Orte im griechischen Originaltext dasselbe Wort verwendet, mit dem in Lukas 4 die „Wildnis" beschrieben wird, in die der Heilige Geist Jesus vor der Versuchung führte. Es ist, als ob die Bibel damit sagen würde, dass unser erster Kampf täglich darin besteht, in die Wildnis zurückzukehren, an den Ort, an dem wir um die Identität kämpfen, an dem wir wieder orten, wer wir sind und wem wir gehören. Wir müssen täglich daran erinnert werden: „Das bist du!" Wir kämpfen jeden Tag um die Identität, und jeden Tag sind wir eingeladen, unseren Charakter in der Wildnis, in der uns nur unser Vater zur Seite steht, schleifen zu lassen. In der Wildnis kann uns niemand sehen. Dort erinnert uns der Vater daran, dass wir seine innigst geliebten Kinder sind und dass daran nichts zu rütteln ist. Ich weiss nicht, wie es euch geht, aber ich gehe dadurch anders durch den Tag.

Eine weitere Gedächtnishilfe Gottes für uns ist die Abendmahlsfeier. In 1. Korinther 11 schreibt Paulus: „Ich selbst habe seine Worte so an euch weitergegeben, wie sie mir berichtet wurden: In der Nacht, in der er verraten wurde, nahm Jesus, der Herr, das Brot, dankte Gott dafür, brach es in Stücke und sagte: ‚Das ist mein Leib, der für euch geopfert wird. Ruft euch in Erinnerung, was ich für euch getan habe!'"

Das griechische Wort für Erinnerung ist anamnesis. Davon ist das Wort Amnäsie abgeleitet. An dieser Stelle geht es sozusagen um eine „Anti-Amnäsie".

Paulus sagt auf Griechisch wörtlich: „Wenn ihr das Brot und den Wein nehmt und das Mahl des Herrn feiert, tut das, damit ihr nicht vergesst, wer ihr seid!" Wir feiern Kommunion, Messe, Eucharistie, das Mahl (wie auch immer ihr es nennt), denn Jesus weiss, wie wir funktionieren. Er weiss, dass wir vergesslich sind. Er weiss, wie leicht unsere Identität erschüttert wird. Er weiss, dass sein Tod und seine Auferstehung, die wir mit dem Mahl des Herrn nachbilden, diese Bundesidentität für immer bestärken.

Erinnere dich daran, wem du gehörst und wer du bist.

Wenn du den Herrn suchst und es zu deinem Hauptziel machst, ihn zu kennen und von ihm gekannt zu werden, wird nicht nur dein Charakter so geformt, dass du Christus ähnlich wirst, sondern du legst gleichzeitig das Fundament für missionale Leiterschaft in deinem und im Leben der Menschen, die du formst.

Diese charakterliche Grundlage ebnet den Weg für Kompetenz. Lasst uns noch einmal Lukas 4 aufschlagen und uns anschauen, wie das vor sich geht.

PHYSIK

Am Anfang von Lukas 4 lesen wir: „Erfüllt mit dem Heiligen Geist, verliess Jesus die Jordangegend. Vierzig Tage war er, vom Geist geführt, in der Wüste und wurde vom Teufel versucht."[17] Wie wir gesehen haben, wurde Jesus auf die Probe gestellt und in Versuchung geführt, und er war in einer Charakterschmiede im Kampf um seine Identität.

Was passierte dann? „Erfüllt mit der Kraft des Geistes kehrte Jesus nach Galiläa zurück. Bald sprach man in der ganzen Gegend von ihm."[18]

Ich weiss nicht, ob ich den Zusammenhang zwischen Innen- und Aussenwelt je eindrücklicher erklären könnte. Was wir hier im Leben von Jesus sehen, spricht eine extrem deutliche Sprache. Der Geist führte Jesus in die Wildnis und dort fand ein Ringkampf um die Identität von Jesus statt. Jesus gewann den Kampf; seine Identität wurde gestärkt, und er verliess den Ort in der Kraft des Geistes.

---

[17] Lukas 4,1-2a
[18] Lukas 4,14

Siehst du es? Hast du es verstanden? Der Sieg im Kampf um die Identität gab Jesus die Autorität und Vollmacht für den Start in seinem öffentlichen Dienst. Seine Autorität gründete sich auf dem Wissen, dass das Blut des Königs durch seine Adern floss. Er wusste, dass das königliche Blut ihm Autorität mit der dazu gehörigen Vollmacht verlieh.

Du hast dieselbe Autorität und Vollmacht. Du bist ein Kind des Königs, und durch deine Adern fliesst königliches Blut. Wenn die Quelle deiner Identität in Christus ist, dann bekommst du von dort deine Zuversicht und Autorität.

Gemäss Lukas hatte Jesus „den Geist in unbegrenzter Fülle". Das Problematische ist natürlich, dass wir das in unserem Leben nicht sehen. Und wenn es in unserem Leben nicht vorhanden ist, sehen wir es vermutlich im Leben der Menschen, die wir führen, auch nicht. Worum geht es hier?

Wir denken, es geht um Physik: I=U/R

Das ist eine ziemlich einfache physikalische Gleichung.
Strom=Spannung/Widerstand.

Spannung ist der Schlüssel. Bei Spannung geht es um das *Potenzial*. Wenn der Heilige Geist für das Potenzial steht, wissen wir, dass es sich um unbegrenztes Potenzial handelt; denn, wie Paulus uns vermittelt, „ist ja der Geist, der in euch wohnt, der Geist dessen, der Jesus von den Toten auferweckt hat."[19] Es ist derselbe Geist! Derselbe Geist, der auf Jesus war, als er aus der Wüste kam, den er in unbegrenzter Fülle hatte, ist in uns. Woran liegt es also?

Es liegt am Widerstand.

Die Vollmacht in unserem Leben ist voll und ganz abhängig von unserem Widerstand (oder dessen Nichtvorhandensein) gegen das, was Gott in uns und durch uns tun möchte. Mit anderen Worten: Je mehr von „uns" vorhanden ist, desto weniger Vollmacht. Wenn Starkult, Konsumhaltung und Wettbewerbsdenken in uns stark Wurzeln geschlagen haben, besteht starker Widerstand. Das führt zu so gut wie keiner Vollmacht in unserem Leben beim Voranbringen von Gottes Reich.

---

[19] Römer 8,11

Wenn all das in unserem Inneren rumort und das Wirken des Heiligen Geistes blockiert, *geht es grundlegend um den Charakter*. Deswegen habe ich am Anfang dieses Buches zum Thema Multiplikation von missionalen Leitern so viel Zeit für die Innen- und Aussenwelt, Versuchungen, Eisberge usw. aufgewendet. Es geht immer um den Charakter. Wenn du den Charakter von Jesus nicht hast, kannst du schlicht und ergreifend als missionaler Leiter, der missionale Leiter multipliziert, das beständige Wirken des Geistes nicht aushalten. Das ist einfach nicht möglich.

Lasst uns die Gleichung noch einmal vom anderen Ende her auflösen. Wenn der Widerstand gleich null ist, dann haben wir die unbegrenzte Kraft Gottes. Aber dazu dürfen wir keinen Widerstand in uns haben. Das sehen wir ganz klar im Leben von Paulus. Er sprach beständig davon, sich selbst zu entleeren (weniger von mir, mehr von Christus), als Trankopfer ausgeschenkt zu werden und dergleichen mehr. Er sagte zum Beispiel: „Seine Kraft kommt gerade in meiner Schwachheit zur vollen Auswirkung."[20] Was beobachten wir hier? Wisst ihr, es ist gar nicht so aussergewöhnlich. Er hatte ein Taschentuch. Die Leute gaben es herum, und jeder, der es berührte, wurde geheilt. Das ist wirklich nicht so aussergewöhnlich für jemanden, der so wenig Widerstand hatte wie Paulus.

In Apostelgeschichte 16 ist Paulus auf einer Missionsreise blockiert und frustriert. Er wusste nicht, wohin er reisen sollte. Jedes Mal, wenn er die Richtung zu wissen glaubte, wurde er vom Heiligen Geist aufgehalten. Seine Missionspläne wurden durchkreuzt. Aus dem Nichts sah er jemanden in Mazedonien (das war in Griechenland), der sagte: „Bitte komm und hilf uns!" Peng. Und schon war er auf dem Weg nach Griechenland, wo sich eine Tür geöffnet hatte.

Wenn du sehr wenig Widerstand hast und wenn du dir Reich-Gottes-Kompetenz aneignest, entsteht in der Regel viel Frucht für das Reich Gottes. Aber es fängt beim Charakter an.

Wo gibt es in deinem Leben Widerstand? Was möchtest du nicht machen? Was hindert den Heiligen Geist am Wirken, ohne dass du es wahrnimmst? Wo versuchst du stark zu sein, während der Herr dich schwach brauchen möchte? Wo schlägst du dich mit deiner eigenen Kraft durch und Gott möchte, dass du es ihm überlässt?

---

[20] 2. Korinther 12,9

Diese Fragen müssen wir auf unserem Weg vom Charakter zur Kompetenz beantworten.

4
KOMPETENZ

Nach der heutigen Standardvorstellung von Leiterschaft sollten wir unsere Stärken immer optimal ausnutzen. Deshalb spezialisieren wir uns auf eine Aufgabe oder eine Arbeitsweise oder ein Hobby, und die anderen werden ausgeschlossen. Das hat zur Folge, dass gute Arbeit in einem Bereich entsteht, hingegen in einem anderen Bereich gar keine Arbeit.

Gott möchte nicht, dass wir als missionale Leiter so leben. Missionale Leiter müssen sich das Paradoxale an Gottes Reich zu eigen machen. Leben im Reich Gottes, wie es von Jesus begründet und von Paulus konkret ausgelebt wurde, umfasst, dass man Zeit an seinen eigenen Schwachstellen verbringt. Das ist ein Schlüssel zur Reife in Christus und auf dem Weg zu missionaler Leiterschaft. In den Bereichen aktiv zu sein, in denen deine Schwächen liegen, lässt Gutes in dir wachsen, und gleichzeitig werden dunkle, zerbrochene Stellen ersetzt, die keine Reich-Gottes-Dinge hervorbringen können.

In meinem vorhergehenden Buch, *Eine Jüngerschaftskultur aufbauen*, habe ich mich eingehend mit Epheser 4,11–13 befasst. Ich möchte diesbezüglich hier nicht mehr zu stark in die Tiefe gehen, aber mit einem Auszug müssen wir uns noch einmal intensiv auseinandersetzen.

Jeder von uns hat einen Grunddienst, der zu dem fünffältigen Dienst im Epheserbrief gehört. Wir glauben, dass Gott jedem von uns diesen Dienst schenkt, und zwar lebenslang. Deshalb bezeichnen wir das als unseren „Grunddienst". Es gibt jedoch auch andere spezielle Zeiten, in denen uns Gott so führt, dass wir die anderen Dienste über eine kürzere Zeit entdecken und verstehen. Das bezeichnen wir als „Phasendienste". Wir haben alle unsere Grundstärke, und es kann jederzeit ein Phasendienst dazu kommen. Der Herr kann dich beispiels-

weise dazu berufen, einen Bibellesekurs zu geben, bei dem dir nicht unbedingt hundertprozentig wohl ist. Vielleicht ist Hirte dein Grunddienst, aber du spürst Gottes Ruf in eine „Phase" als Lehrer. Durch deinen Grunddienst wirst du erfrischt, hier liegt deine echte Leidenschaft. Der Herr lässt dich aber reifen, indem er dich phasenweise durch die anderen Dienste führt. Viele haben erlebt, dass ihr Grunddienst abgerundeter wird, wenn sie phasenweise andere Bereiche erleben. Durch die Zeit in den Phasendiensten scheint Gott deinen Grunddienst zu stärken. Indem er dich aus dem, wo es dir am wohlsten ist, herausnimmt, formt er auch deinen Charakter. Dadurch erweitert sich deine Fähigkeit, dem Leib Christi und der Welt, die er so geliebt hat, zu dienen.

Den Unterschied zwischen Grund- und Phasendienst erfasst man zum Beispiel, indem man sich klarmacht, dass es sich bei der Grundstärke um etwas handelt, das man von Natur aus macht. Gott gibt uns aber auch Zeiten, in denen wir phasenweise einen anderen Dienst haben, um uns die entsprechenden Grundlagen anzueignen. Ich (Mike) merkte, dass ich als junger Mann um die 20 zeitweise verschiedene Sachen ausprobiert habe. Ein oder zwei Jahre lang habe ich mich voll in die Evangelisation investiert, aber schlussendlich war die Gnade aufgebraucht, und ich habe einfach etwas Neues angefangen. Dann bin ich eine Zeit lang bei jemandem mit stark prophetischer Begabung in die Lehre gegangen und habe eine Menge darüber gelernt, wie es ist, im prophetischen Dienst tätig zu sein, aber dann war die Gnade aufgebraucht, und ich fing etwas Neues an. Das wiederholte sich einige Male: Gott führte mich in einen Zeitabschnitt, in dem ich einen anderen Dienst lernte und auch recht lange dabeiblieb, aber ich startete immer wieder neue Sachen, und darin bestand mein Grunddienst. Ich konnte einfach nicht anders. Nun, wie sich herausstellte, gab es dafür auch einen Grund. Ich bin Apostel. Ich starte neue Sachen. Aber ich bin ein weitaus besserer und stärker abgerundeter Apostel, weil ich phasenweise in den anderen vier Grunddiensten tätig war.

Wir haben beobachtet, dass man aus zwei verschiedenen Gründen einen solchen Phasendienst aufnehmen kann. Erstens haben wir den klaren Eindruck, Gott möchte, dass wir einen neuen Dienst lernen, zu dem wir noch keinen Zugang haben oder in dem wir noch nicht kompetent sind. Wir (Mike und Steve) sind wohl beide von Natur aus Apostel, aber es ist äusserst wichtig, dass wir auch Evangelist sein können, wenn eine entsprechende Situation auftritt. Apostel zu sein ist keine Entschuldigung dafür, einen wichtigen Teil des Missionsbefehls nicht zu erfüllen. Ich bin vielleicht nicht so gut wie jemand, der von Natur aus Evangelist ist. Ich bringe aber Zeit in einer Phase zu, damit ich in diesem Dienst wenigstens über ein grundlegendes Kompetenzniveau verfüge. Wir sind natürlich alle dazu berufen, Zeugen der Frohen Botschaft zu sein, ob wir von Natur aus Evangelisten sind oder nicht. Zum Zweiten kommen wir in eine neue Phase, wenn wir durch auftretende Umstände in einen uns nicht vertrauten Phasendienst hineingeworfen werden, zu dem wir aber Zugang bekommen müssen, um den Auftrag, zu dem uns Gott berufen hat, auszuführen. Ein entsprechendes Beispiel könnte jemand mit einer Grundstärke als Hirte sein. Der oder die Betreffende war als Jüngerschafts-Pastor in einer Ortsgemeinde tätig und übernimmt neu eine Lehraufgabe, weil der Hauptpastor zurückgetreten ist. Jemand muss predigen, du wirst in diese Rolle gestellt, und jetzt hast du eine schnelle Lernkurve!

Einige Leute haben im Hinblick auf den Grunddienst fälschlicherweise angenommen, dass sie in der Rolle wirksam werden sollen, in der ihre absolute Stärke liegt. „Ich bin Apostel. Ich werde nur Sachen machen, in denen dieser Dienst zum Tragen kommt." Paulus sieht es jedoch eindeutig nicht so. Wenn er in Epheser 4,13 sagt „dass wir eine Reife erreichen", bezieht er sich sowohl auf den einzelnen Menschen, der einen Reifegrad erlangt, als auch auf die verschiedenen Dienste. Reife, zumindest nach Definition von Paulus in diesem Abschnitt, scheint den einzelnen Menschen zu beschreiben, der in jedem Dienst über ein Mass an Kompetenz verfügt, „denn wir sollen keine unmündigen Kinder mehr sein."

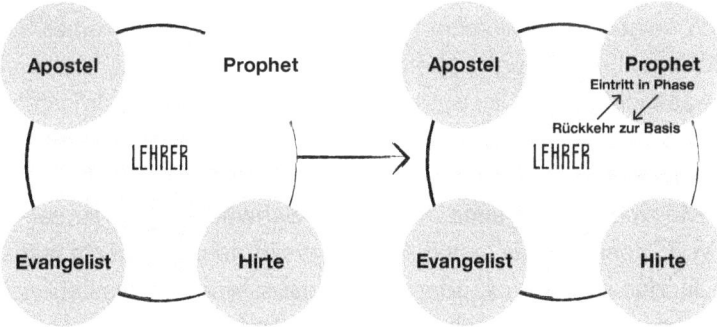

Wir durchlaufen einen geistlichen Ausbildungsprozess, der uns von der Kindheit zur Reife führt, aber nur dann, wenn wir eine Phase in jedem Dienst zugebracht haben, der nicht unsere Grundstärke ist. Darin Zeit zu verbringen, an einem Ort, an dem nicht unsere natürliche Stärke gelagert ist, gibt uns in anderen Zeiten Zugang zu diesen Phasen, wenn wir sie brauchen. Wenn wir zur Reife gelangen, sehen wir bald, dass wir permanent mit Situationen konfron-

Kompetenz | 49

tiert werden, in denen Gott uns auffordert, seine Arbeit in der Welt zu tun, und unser Grunddienst ist dafür unzureichend. Sicher können wir uns nicht mit Jesus vergleichen, aber Gott kann die Zeiten in unserem Leben, in denen wir über längere Phasen einen anderen Dienst gelernt haben, brauchen und uns in der konkreten Situation entsprechend einsetzen.

Wir alle kennen viele Gemeindeleiter, die sich standhaft dagegen wehren, etwas anderes zu machen als Sachen, die sie gut können. Wie wir hier sehen, ist damit die Katastrophe vorprogrammiert, weil wir nicht in der Fähigkeit wachsen, durch den Geist die Sachen zu tun, die Jesus tun konnte. Dementsprechend lautet die Schlussfolgerung gegen Ende des Abschnitts in *Eine Jüngerschaftskultur aufbauen*:

Wir haben nicht alle eine Berufung zum Hirten, aber wir sind alle dazu berufen, Anteil zu nehmen. Wir haben nicht alle eine Berufung zum Lehrer, aber wir sind alle dazu berufen, für die Wahrheit einzutreten. Wir tragen alle Verantwortung dafür, dass wir lernen, Gottes Stimme zu hören, was den Propheten von Natur aus leichter fällt. Wir sind alle dazu berufen, anderen die Frohe Botschaft weiterzusagen, aber das holt alle, die keine Berufung als Evangelist haben, aus ihrer Komfortzone. Und wir sind nicht alle Apostel, müssen aber alle lernen, hinauszutreten in die Aufgabe, zu der Gott uns beruft.[21]

Sind wir nicht alle Menschen begegnet, die nur ihre Stärken nutzen? Wenn Paulus mit seiner Aussage recht hat, dass „seine Kraft in meiner Schwäche zur Vollkommenheit gelangt", überrascht es eigentlich nicht, dass manchmal Leute, die ausschliesslich ihre Stärken nutzen, gleichzeitig die grössten Charakterschwächen aufweisen. Wenn wir in einem Phasendienst stehen, sind wir schwach. Nur durch die Gnade und Kraft Gottes können wir etwas bewirken. Gott die Möglichkeit zu geben, in unserer Schwäche stark zu sein, ist kein Zeichen von Dummheit als Leiter, sondern weist deutlich auf ein reifes Christsein hin! Ja, das ist paradox, aber nimmt Jesus, wenn er das Leben im Reich Gottes beschreibt, nicht ständig Bezug auf Paradoxa?

---

[21] Genauere Erläuterungen zum fünffältigen Dienst findet ihr in Kapitel 10, *Eine Jüngerschaftskultur aufbauen*.

DEN FÜNFFÄLTIGEN DIENST VERSTEHEN

Wenn wir uns daran gewöhnen, aus unserer Schwachheit anstatt aus unserer Selbstversorgung zu wirken, kann Gott uns endlich brauchen. Dadurch werden die Bereiche, in denen wir von Natur aus begabt sind, zu Bereichen, in denen der Geist Gottes wirken kann. Anders ausgedrückt ist auch in den Bereichen, in denen unsere Stärken liegen, weitaus weniger Widerstand vorhanden.

Wenn diese fünf Schlüsselkompetenzen zu den Orten werden sollen, an denen ein Grossteil unseres Charakters geformt wird, indem wir durch unsere Schwachstellen herausgefordert werden, dann sollten wir sie wirklich verstehen!

Macht euch zunächst klar, dass die fünffältigen Dienste Linsen sind, durch die wir funktionieren. Dabei ist deine Basis (Grundstärke) derjenige Dienst, der dir von Natur aus am meisten entspricht. Diese Dienste verleihen uns eine Sicht- und Wirkungsweise in der Welt und im Geist, die Gott auf ganz unterschiedliche Art brauchen kann. So arbeiten beispielsweise missionale Leiter in zunehmendem Mass mit mittelgrossen Gruppen, die als missionale Gemeinschaften bezeichnet werden.[22] Dadurch begründen sie erweiterte Familien, die zusammen missionarisch unterwegs sind. Ein Prophet wird eine missionale Gemeinschaft ganz anders leiten als ein Apostel. Es gibt hier keinen „richtigen Weg", weil jeder anders funktioniert und eine andere Linse mitbringt. Aber sie werden die Gruppe starten, zum Wachstum führen, Menschen zu Jüngern machen, missionarische Aktivitäten aufbauen und multiplizieren — und zwar anders als die Leute, denen ein anderer Bereich des fünffachen Dienstes anvertraut ist.

Wenn das Ganze so funktioniert, ist es extrem wichtig zu verstehen, wie jeder einzelne Dienstbereich beschaffen ist.

Das Folgende ist ein einzigartiges Erklärungsmodell zum Verständnis jedes Basis-/Phasendienstes des fünffältigen Dienstes. Wir geben jeweils einen kurzen Überblick über den Dienst und gehen dann genauer darauf ein, wie der betreffende Dienst durch die Beziehung zu Gott, die Beziehung zum Leib Christi und die Beziehung zur Welt funktioniert. Achtet darauf, dass die richtige

---

[22] Genaueres zu diesem Thema im 3DM-Buch *Missional Communities: A Field Guide*

Reihenfolge immer vom Vater zum Leib zur Welt ist. *Der Ausgangspunkt ist immer beim Vater.**

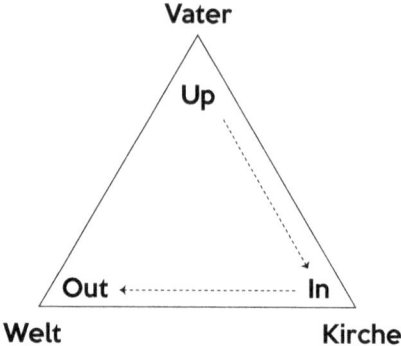

1. Apostel — Der Apostel ist dazu berufen, ein **Gesandter** zu sein. Biblische Beispiele sind Paulus und Petrus. In der Gemeinde hält der Apostel Ausschau nach dem, was es noch nicht gibt, und bringt sich dort ein, wo erkennbar wird, wie Gott das Neue schaffen wird. Dementsprechend setzt sich der Apostel für alles Missionarische ein, nicht aber für den Status quo. Im weltlichen Bereich ist der Apostel Unternehmer. Er oder sie startet immer sein/ihr eigenes Unternehmen.

Kernfrage des Apostels: Führen wir Gottes Leute in ihre Bestimmung?

- Richtiger Weg: vom UP zum IN zum OUT: Eine frische Vision für neues Grenzland wird geschenkt und innerhalb der Gemeinschaft bestätigt. Neues Grenzland wird eingenommen, indem die ganze Gemeinde in Einheit zusammenarbeitet.

- Vom UP zum IN, kein OUT: Nichts passiert. Viele neue Ideen, aber nur sehr wenige werden ausgeführt.

- Vom UP zum OUT, kein IN: Die Vision kann sich häufig ändern, und die Leute folgen nicht mehr, weil der Apostel keine Unterscheidung trifft zwischen einer guten Idee und einer göttlichen Idee.

---

* Ihr werdet feststellen, dass wir das UP/IN/OUT-Dreieck auch bei unseren Erläuterungen zu anderen Dreiecken einsetzen (siehe später im Buch). Wir wollen so beständig Sachverhalte durch die Linse anschauen, durch die Jesus sein Leben und die ihn umgebende Welt verstanden hat.

• Vom IN zum OUT, kein UP: Es laufen gute Sachen, aber es gibt fast keinen Durchbruch für das Reich Gottes. Jedermanns Ideen werden umgesetzt. Darauf resultiert eine Organisation ohne Leiter, ein Mangel an gemeinsamer Vision, fehlende Einheit und fehlender Gruppenzusammenhalt.

Wie kann man diesen Leitertyp wertschätzen, ihm Raum geben und freisetzen?

- Schafft eine Umgebung, in der Misserfolge okay und als Nebenprodukt bei unternehmerischem Einsatz zu erwarten sind.
- Stellt die Unternehmer nicht einfach auf einen ruhigen Posten, sondern heisst sie willkommen und setzt sie frei.
- Lasst euch von neuen Ideen nicht bedrohen und vermeidet Schubladendenken.
- Praktiziert den Grundsatz: wenig Kontrolle, viel Rechenschaft.

2. Prophet – Der Prophet ist dazu berufen, **weiterzusagen** und **vorherzusagen**. In der Gemeinde ist der Prophet der leidenschaftlichste Beter und Anbeter. Im säkularen Leben wäre der Prophet im künstlerischen Bereich als Dichter oder Musiker tätig..

Kernfrage des Propheten: Hören die Christen Gottes Stimme und reagieren sie entsprechend darauf?

 • Richtiger Weg: vom UP zum IN zum OUT: Der Prophet empfängt neue Offenbarung. Diese Offenbarung wird zur Auslegung an die

Gemeinschaft weitergegeben, und die Gemeinschaft handelt dementsprechend, sie setzt die Offenbarung praktisch um. So wird das Hören auf Gott und darauf Reagieren zu einer Gemeinschaftsübung.

- Vom UP zum IN, kein OUT: Daraus entsteht *Charisma*, weil eine Menge geistlicher Energie vorhanden ist, aber es wird nicht praktisch. Die Einzelnen und die Gemeinschaft verändern sich nicht. Es findet keine Transformation statt.

- Vom UP zum OUT, kein IN: Das führt zum *Chaos*. Wir setzen falsch um, weil wir nie die richtige Auslegung bekommen haben. Der Prophet wird stolz und arrogant. Er/sie geht davon aus, immer Recht zu haben. Das kann schlussendlich zu subversiver Manipulation führen.

- Vom IN zum OUT, kein UP: Daraus entstehen *Ratschläge*. Die echte Offenbarung fehlt, und deshalb beruhen die Ratschläge auf Bauchgefühl und Instinkt.

Wie kann man diesen Leitertyp wertschätzen, ihm Raum geben und freisetzen?

- Habt Wertschätzung dafür, dass Gott heute noch spricht.
- Fordert den Propheten direkt auf, sich mitzuteilen. Er braucht das Gefühl, dass es okay ist.
- Sorgt für eine spielerische, experimentelle Umgebung, in der sie auch einmal danebenliegen dürfen.
- Plant Räume und Zeiten ein, in denen ihr als Gemeinschaft austauschen könnt.
- Schafft eine Sprache für Propheten, mit der sie gut etwas weitergeben und die Zuhörer zustimmen oder ablehnen können. Dadurch ist Raum für eine 80/20-Reaktion, und ihr könnt ziemlich sicher sein, dass 80 Prozent der Aussage des Propheten zutreffen. Gleichzeitig lasst ihr Raum für die 20-Prozent-Möglichkeit, dass der Prophet danebenliegen könnte.

3. Evangelist — Der Evangelist ist dazu berufen, **die Frohe Botschaft zu bringen**. In der Gemeinde geht es ihnen vor allem um Multiplikation. Viele Evangelisten sind tolle L1-Leiter (Leiter im Anfangsstadium), wenn viel Verbindlichkeit und wenig Kontrolle praktiziert wird. Evangelisten sind vielfach frustriert über die Gemeinde, weil sie die Welt so sehr lieben und erleben wollen, dass sie gerettet wird. Im weltlichen Bereich ist der Evangelist im Verkauf tätig und preist etwas an, das du brauchst und das nicht zu übertreffen ist.

Kernfrage des Evangelisten: Kommen neue Leute in das Reich Gottes?

- Vom UP zum IN zum OUT: Du sagst Menschen, die von Gott vorbereitet wurden, die Frohe Botschaft weiter (Menschen des Friedens, wie in Lukas 9 und 10 beschrieben). So erlebst du, wie Menschen für dich offen sind und Christen werden. Du zeigst den Leuten auch, wie eine gesunde Art von Evangelisation aussehen kann, und sie wollen es dann selber auch machen. Das alles geschieht in der Gemeinschaft. Gottes Reich wird für die Leute spür- und greifbar. Man kümmert sich um sie, weil sie Menschen sind und keine Zielpersonen.

- Vom UP zum IN, kein OUT: Nichts geschieht, ausser möglicherweise einem sozialen Evangelium.

- Vom UP zum OUT, kein IN: Evangelisation findet statt, aber es kommt nicht zur Fleischwerdung der Frohen Botschaft in der Gemeinschaft. Die Leute werden behandelt wie Nummern, einfach 08/15-mässig. Häufig predigen Evangelisten ein Evangelium, bei dem es nur um das Sündenmanagement geht.[23]

- Vom IN zum OUT, kein UP: Du hast zum Schluss ganz viele wütende Leute, die für das Evangelium nicht bereit waren, und die Leute in deiner Gemeinde wollen nicht mehr evangelisieren. Du selbst hast alle Hände voll damit zu tun, dich um die Leute zu küm-

[23] Mehr zu diesem Thema in Dallas Willards ausgezeichnetem Buch *The Divine Conspiracy*, Kapitel 2

mern und Gespräche zu führen, während nur sehr wenig geschieht. Das kann Schuldgefühle auslösen.

Wie kann man diesen Leitertyp wertschätzen, ihm Raum geben und freisetzen?

- Zeigt dem Evangelisten Wertschätzung. Wenn du erleben willst, dass Menschen Jesus kennenlernen, musst du das machen. Die Evangelisten wollen immer mehr Zeit mit Nichtchristen verbringen als mit Christen.
- Verbindlichkeit und Gemeinschaftsleben sollten für die Evangelisten einen hohen Stellenwert haben. Du wirst sie nicht oft zu Gesicht bekommen, weil sie ständig mit Leuten, die Jesus noch nicht kennen, zusammen sind. Deshalb müssen sie dir Rechenschaft über ihren Lebenswandel und ihren Führungsstil abgeben. Es kann sich auch um Eigenbrötler und Aussenseiter handeln, die den Grossteil ihrer Zeit ausserhalb der Gemeinschaft verbringen. Hier ist es wichtig, ihnen Freiraum zu geben, so zu sein, wie sie sind, und gleichzeitig eine Gemeinschaft zu begründen, die sie verstehen.
- Findet spannende Wege im Umgang mit dem Evangelium, bei denen sich die Evangelisten einbringen können.

4. Lehrer – Der Lehrer ist dazu berufen, **auf die Wahrheit hinzuweisen**. Das sehen wir beispielhaft an der Lehre Jesu. Er wies die Leute auf Sachen hin, die sie nie zuvor gesehen hatten. In der Gemeinde ist der Lehrer Mentor und Bejüngerer. Im weltlichen Bereich ist er Lehrer, Trainer, Life Coach, und seine Rolle besteht im Hinweisen auf die Wahrheit.

Kernfrage des Lehrers: Wird das Wort Gottes im Leben der Einzelnen und der Gemeinschaft lebendig, wird es von ihnen verkörpert?

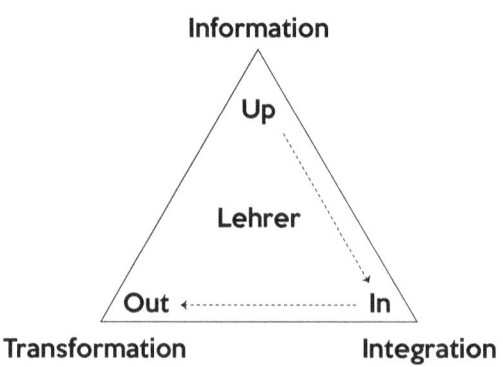

- Richtiger Weg: Vom UP zum IN zum OUT: Die Heilige Schrift zeigt auf, wo beim Einzelnen und in der Gemeinschaft Umkehr geschehen soll. Veränderung geschieht, wenn wir glauben und aktiv mehr in das Reich Gottes hineingehen. Offenbarung, Erkenntnis und Weisheit wirken hier zusammen, sie sind nicht getrennt.

- Vom UP zum IN, kein OUT: Alles ist theoretisch. Das bewirkt Heuchelei. Nichts verändert sich, weil du zu dem törichten Mann geworden bist, über den Jesus in Matthäus 7 spricht: Er hört das Wort, aber handelt nicht danach.

- Vom UP zum OUT, kein IN: Die Sachen laufen hierarchisch, weil jemand die Einsicht hat und alle anderen danach leben. Es geht um Information, nicht um Erkenntnis. Das führt dazu, dass es innerhalb der Gemeinschaft kein Bewusstsein für Berufung gibt. Es handelt sich um eine pflichtorientierte, nicht um eine liebevolle Gemeinschaft; ihr fehlt die Frucht des Geistes. Es wird viel gearbeitet, aber die Arbeit innerhalb der Gemeinschaft geschieht ohne geistliche Qualität.

- Vom IN zum OUT, kein UP: Die Sachen laufen ohne den Heiligen Geist. Das führt zu Anarchie, und Dogmas und Gesetzlichkeit sind die Folge. Das Wort Gottes ist nicht frisch. Es wird selten gut oder überhaupt nicht eingesetzt, und Gott ist auf merkwürdige Weise abwesend.

Wie kann man diesen Leitertyp wertschätzen, ihm Raum geben und freisetzen?

- Eine Lernkultur schaffen, in der die Leute lernen und auch entsprechend handeln möchten.
- Mehr als eine Plattform schaffen, wo Lehrer ein Betätigungsfeld finden.
- Vermeidet es, Leuten die Lehrerrolle aufzudrängen.
- Macht euch klar, dass ein Lehrer nicht der Pastor sein muss, der die Predigten hält. Wir streben nach geistlicher Erkenntnis und beziehen sie an unterschiedlichen Orten, nicht lediglich von einer Person. Wenn jemand in einem gewissen Rahmen ermächtigt ist, macht ihn das nicht zur alleinigen Quelle der Weisheit.

5. Hirte – Hier geht es um die Berufung zum **Hirtendienst**. Der Hirte hebt die Zerbrochenen auf, reinigt sie und führt sie weiter. Hirten in der Gemeinde sind nicht nur Leute im offiziellen Pastorenteam, sondern auch Gemeindemitglieder, die andere begleiten und betreuen. Im weltlichen Bereich sind Hirten in sozialen Berufen tätig, wie zum Beispiel als Berater/Seelsorger, Arzt oder Ähnliches.

Kernfrage des Hirten: Nehmen Christen Anteil am Leben der Zerbrochenen und Einsamen?

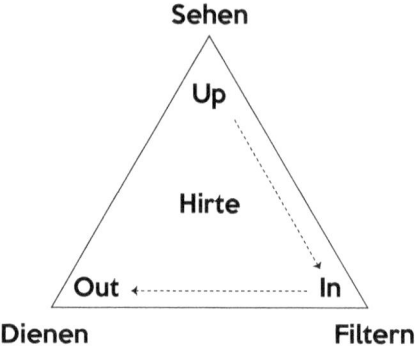

- Richtiger Weg: Vom UP zum IN zum OUT: Unsere Herzen brechen mit dem Herz des Vaters. Wir treffen eine Unterscheidung, zum Dienst, an welchen Menschen Gott uns beruft und dienen dann denjenigen, die für uns vorbereitet sind.

- Vom UP zum IN, kein OUT: Nichts geschieht. Es gibt zwar viele gute Absichten, aber die Betreuung von Menschen wird nicht umgesetzt.

- Vom UP zum OUT, kein IN: Der Hirte dient immer allen, was schliesslich zum Burnout mit anschliessenden Schuldgefühlen führt.

- Vom IN zum OUT, kein UP: Das bewirkt, dass der Hirte aufgrund von Schuld- oder Pflichtgefühlen, aber nicht von Herzen dient. Sein Dienst wird entsprechend kalt und losgelöst, er ist nie mit den Herzen der Menschen verbunden. Es fühlt sich an wie ein Job, nicht wie eine Berufung. Schlussendlich wird der Hirte wütend, weil Dienen meist ohne Dank erfolgt. Der Hirte sollte stattdessen aus Treue heraus dienen.

Wie kann man diesen Leitertyp wertschätzen, ihm Raum geben und freisetzen?

- Räumt auf mit der Mentalität, dass es einen „Hirten" gibt, der sich um alle kümmern/ihnen dienen muss. Schafft Raum für VIELE Hirten. Nach meiner Erfahrung sind über 50 Prozent der Leute in Gemeinden Hirten.
- Verbreitet die Sicht, dass der Dienst der Gemeinde über die Gemeindemechanismen hinausgeht. Vermittelt klar, dass Dienst nicht mit einem Gefühl der Beklemmung einhergehen sollte. Beruft eure Leute dazu, aus Freiheit heraus zu dienen, nicht aufgrund von Schuldgefühlen oder weil andere auf einem herumtrampeln.[24]

DER FÜNFFÄLTIGE DIENST ALS LINSE

Das Bild vom fünffältigen Dienst dient als Linse, die uns zu verstehen hilft, wie Menschen funktionieren. Menschen mit unterschiedlichen Grundstärken (Basis) führen, je nach ihrer Dienstlinse, unterschiedlich.

Wir wollen in diesem Zusammenhang einige missionarische Gefässe anschauen, die verschiedene Gemeinden zurzeit einsetzen:

- Missionale Gemeinschaften
- Missionale Gebetsräume rund um die Uhr
- Einsatztage im Dienst für die Stadt
- Alphakurse oder Glaubensgrundkurse, in denen sich Menschen Gedanken über den Glauben machen
- Gemeindegründung
- Spezielle Gottesdienste für Studenten

Ein apostolischer Leiter startet, baut, nährt und multipliziert jedes dieser missionalen Gefässe anders als ein pastoraler Leiter. Ein Prophet macht es anders als ein Lehrer. Jede dieser Methoden ist legitim, aber die Unterschiede weisen

---

[24] Dieser Punkt ist entscheidend. Er weist auf den Unterschied zwischen demütig sein und gedemütigt werden hin. Das Erste bedeutet zu verstehen, wer wir in der Beziehung zu Gott sind, und uns selbst für andere niedriger zu machen – als Königskinder zu dienen. Beim Zweiten geht es um menschliches Fehlverhalten. Dabei hat jemand das Gefühl, er oder sie müsse andere herabsetzen, um selbst höher gestellt zu sein. Das ist Sklaverei und nicht Dienst.

darauf hin, wie die Grundstärke als Linse fungiert, durch die jeder Mensch die Welt sieht, verarbeitet und versteht.

Deshalb ist es entscheidend zu verstehen, dass der Leib Christi nur dann so funktionieren kann, wie Jesus es vorgesehen hat, wenn sämtliche fünf Grundstärken zusammenwirken. Wir können nicht auf eine oder zwei fokussieren und die anderen ausschliessen. Alle müssen vertreten sein.

Um das zu ermöglichen, müssen wir eine Kultur schaffen, in der wir mit unterschiedlichen Persönlichkeiten rechnen und in der wir trotz unterschiedlicher Sichtweisen zusammenarbeiten. Dadurch erleben wir als Einzelne und als Gemeinde Jesu miteinander Wachstum und Reife.

Die Linse des fünffältigen Dienstes ist ein Schlüsselfaktor, wenn es um Kompetenz geht. Sie hilft uns zu erkennen, wie viele missionale Leiter möglicherweise unter uns sind, wenn wir uns dafür einsetzen, sie zu entwickeln und zu multiplizieren. Auch jemand, der nicht dieselbe Grundstärke hat wie wir, kann missionaler Leiter sein.

Wie können wir Leute, deren charakterliches Wachstum und deren zunehmende Kompetenz wir beobachten, als Leiter rekrutieren? Wie entwickeln wir sie? Wir müssen eine Pipeline schaffen. Im nächsten Kapitel lernen wir, wie man das machen kann.

5
PIPELINES

In den vorherigen Kapiteln haben wir uns eingehend mit der Qualität des Lebens von missionalen Leitern befasst. Wir sind darauf eingegangen, wie ihr Charakter beschaffen sein sollte. Wir haben Barrieren aufgezeigt, mit denen sie in unserer Kultur und in der Kirche konfrontiert sind. Wir haben darauf hingewiesen, wie wichtig es ist, dass sie genau wissen, worin ihr Basisdienst besteht.

Jetzt wollen wir unser Augenmerk darauf richten, welche speziellen Kompetenzen *im Leben von missionalen Leitern erforderlich sind*.

Wenn du missionale Leiter, die über den Charakter und die Kompetenz von Jesus verfügen und die andere Christen in die Mission führen können, multiplizieren willst, kannst du dein Vorgehen nicht einfach dem Zufall überlassen. Du wirst nicht zufällig missionale Leiter multiplizieren. Wenn das durch Zufall möglich wäre, würden ja ziemlich viele in der Gemeinde herumlaufen, oder?

In der Bibel sehen wir, dass sowohl Jesus als auch Paulus sehr systematisch an die Sache herangingen. Wir sehen auch, dass *sie es nicht mit sehr vielen Leuten machten*. Die Pipeline, mit der wir uns in diesem Kapitel befassen, zeigt nach unserem Verständnis auf, wie Jesus und Paulus bewusst vorgingen, um missionale Leiter zu multiplizieren, die dann wiederum hinausgehen und dasselbe machen konnten.

Zuerst wollen wir die Pipeline aus dem Blickwinkel von Jesus

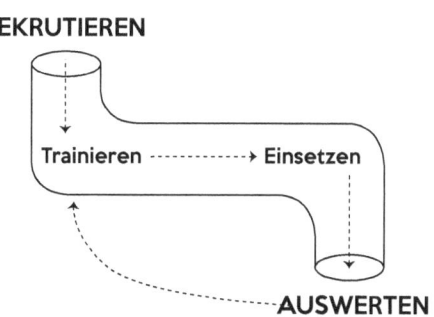

anschauen. (Danach befassen wir uns auch eingehend mit Paulus, der in der Apostelgeschichte das gleiche Vorgehen wählte.)

Rekrutierung: Jesus kam mit der Kraft des Heiligen Geistes aus der Wüste. Er rief unmittelbar zwölf Jünger zu sich, die lernen sollten, Reich Gottes zu verkörpern und all die Reich-Gottes-Sachen zu machen, die er machen konnte. Er schien zu wissen, wen sein Vater schon im Voraus für diese Aufgabe vorbereitet hatte und rief diese Menschen zu sich.

Training: Die Jünger bekamen einen Sitz in der ersten Reihe. Sie konnten alles beobachten, was Jesus machte, und Jesus kommentierte laufend für sie, was durch sein Handeln passierte. Gleichzeitig konnten sie direkt selbst im echten Leben üben. Zum Training gehörten Übungseinsätze mit Jesus an ihrer Seite.

Einsatz: Jesus setzte die Jünger frei, damit sie es selbst machen konnten. Das sehen wir im bekannten Wunder von der Essensvermehrung in Lukas 9: „Seht ihr die 20 000-köpfige Menschenmenge? Also los, gebt ihnen zu essen!" In Lukas 10 sandte Jesus sie auch ohne seine Unterstützung immer zu zweit aus, um all die Sachen zu machen, bei denen sie ihn beobachtet hatten.

Auswertung: Nachdem die Jünger der Menschenmenge zu essen gegeben hatten, hat Jesus die Situation mit ihnen verarbeitet. Und als die Jünger von ihrer ersten Missionsreise ohne Jesus zurückkamen, erstatteten sie ihm Bericht. In einer anderen Situation konnten die Jünger einen bestimmten bösen Geist nicht austreiben. Dazu gab ihnen Jesus Feedback.

Nach der Auswertung ging es mit denselben zwölf Männern wieder von vorne los: Training, Einsatz, Auswertung. Er sandte sie immer wieder aus, damit sie lernen konnten, missionale Leiter zu sein: Training, Einsatz, Auswertung. **Es war derselbe Prozess für dieselben zwölf Männer, immer wieder von vorn.**

Schliesslich jedoch sandte Jesus sie aus und setzte sie zu eigenständiger Leiterschaft frei. Bei seinem Aufstieg in den Himmel sagte Jesus: „Jungs, ich werde euch nie allein lassen. Ich werde immer bei euch sein. Aber jetzt geht und macht alles, das ich euch gezeigt und wofür ich euch trainiert habe. Jetzt gilt es. Aber macht euch keine Sorgen! Ich schicke euch einen Helfer!"[25]
Der zentrale Punkt: **Auf sich selbst gestellt sollten sie alles machen, was**

....

[25] Siehe Matthäus 28,16-20 und Apostelgeschichte 1,1-9

Jesus tun konnte, und somit eine missionale Bewegung starten.

Und stellt euch vor: Genau das haben sie gemacht. Und ihr könnt es auch.

Als ich aus Brixton Hill wegzog, liess ich keine Gruppe von missionalen Leitern zurück, die das, was ich während meiner Zeit als Leiter gemacht hatte, auch tun konnten. Nach meinem Weggang fiel alles in sich zusammen, weil es auf mir gründete, nicht aber auf einer Kultur missionaler Leiterschaft, die meine Zeit dort lange hätte überdauern können.

Die entscheidende Frage lautet: *Wenn du deine Leiter sich selbst überlassen würdest, wüssten sie dann, was sie machen sollen?*

PAULUS + DIE PIPELINE

Unter anderem ist bei Paulus bemerkenswert, dass er eine ziemlich klar strukturierte, leicht nachvollziehbare Leiterschafts-Pipeline hatte. Es überrascht kaum, dass seine Art von Pipeline derjenigen von Jesus entspricht. In Apostelgeschichte 15 lesen wir, wie die Pipeline von Paulus ihren Anfang nimmt.

> [15,36] Nach einiger Zeit sagte Paulus zu Barnabas: „Lass uns wieder aufbrechen und die Geschwister in all den Städten besuchen, in denen wir die Botschaft des Herrn verkündet haben. Wir müssen doch sehen, wie es ihnen geht!" [37] Barnabas war damit einverstanden, nur wollte er auch Johannes mitnehmen — Johannes mit dem Beinamen Markus. [38] Doch Paulus hielt es nicht für angebracht, jemand mitzunehmen, der sie auf ihrer vorherigen Reise in Pamphylien im Stich gelassen hatte, statt mit ihnen weiterzuziehen und den Auftrag zu erfüllen, den Gott ihnen gegeben hatte. [39] Darüber kam es zu einer so heftigen Auseinandersetzung, dass sich die beiden trennten. Barnabas nahm Markus mit sich und bestieg ein Schiff, das nach Zypern fuhr. [40] Paulus seinerseits wählte sich Silas zum Begleiter, und nachdem ihn die Christen von Antiochia dem Herrn und seiner Gnade anvertraut hatten, machte er sich auf die Reise. Er zog durch Syrien und Zilizien, und überall stärkte er die Gemeinden im Glauben.
>
> [16,1] Paulus kam auch wieder nach Derbe und nach Lystra. In Lystra lebte ein Jünger Jesu namens Timotheus. Seine Mutter, die ebenfalls an Jesus glaubte, war jüdischer Herkunft, während sein Vater Grieche war. [2] Diesen Timotheus, über den die Christen von Lystra und Ikonion nur Gutes zu

berichten wussten, ³wollte Paulus auf die weitere Reise mitnehmen. Deshalb holte er ihn zu sich und liess ihn aus Rücksicht auf die Juden jener Gegend beschneiden; denn sie wussten alle, dass er einen griechischen Vater hatte. ⁴In allen Städten, durch die sie kamen, teilten Paulus und seine Begleiter den Christen die Beschlüsse mit, die die Apostel und die Ältesten von Jerusalem gefasst hatten, und forderten sie auf, diese Anordnungen zu befolgen. ⁵Das führte dazu, dass die Gemeinden im Glauben gefestigt wurden und dass die Zahl der Christen täglich zunahm.

⁶Paulus und seine Begleiter zogen nun durch den Teil Phrygiens, der zur Provinz Galatien gehört. Eigentlich hatten sie vorgehabt, die Botschaft Gottes in der Provinz Asien zu verkünden, aber der Heilige Geist hatte sie daran gehindert. ⁷Als sie sich dann Mysien näherten, versuchten sie, nach Bithynien weiterzureisen, aber auch das liess der Geist Jesu nicht zu. ⁸Da zogen sie, ohne sich aufzuhalten, durch Mysien, bis sie in die Hafenstadt Troas kamen. ⁹Dort hatte Paulus in der Nacht eine Vision. Er sah einen Mazedonier vor sich stehen, der ihn bat: „Komm nach Mazedonien herüber und hilf uns!" ¹⁰Daraufhin suchten wir unverzüglich nach einer Gelegenheit zur Überfahrt nach Mazedonien; denn wir waren überzeugt, dass Gott selbst uns durch diese Vision dazu aufgerufen hatte, den Menschen dort das Evangelium zu bringen.

In diesem faszinierenden Teil der Apostelgeschichte sehen wir die Rekrutierungsstrategie von Paulus sowie die von ihm angewandten verschiedenen Arten von Filtern. Der Abschnitt beginnt mit dem Aufbruch zur zweiten Missionsreise von Paulus. Ihr erinnert euch, dass es zur ersten Reise kam, nachdem sich die Ältesten und Propheten in Antiochia zum Fasten und Beten um Gottes Führung zusammengefunden hatten und Gott sie dahin gehend führte, Paulus und Barnabas als Missionare auszusenden. Das war die erste biblische Gemeinde, von der bewusst Missionare ausgesandt wurden. Die Leiter der Gemeinde in Antiochia sandten diese missionalen Leiter aus.

Paulus und Barnabas setzten damals folgende Strategie ein: Der Teamleiter (damals Barnabas) ging zu seiner Heimatbasis zurück und begann seinen evangelistischen und missionarischen Dienst von zu Hause aus, d.h. von der Insel Zypern. Barnabas hiess eigentlich Joseph, aber sie hatten ihm den Übernahmen „Sohn der Ermutigung" gegeben (obwohl mir „Barney" viel besser gefällt). Dort nahm Barnabas die Arbeit auf, zu der er berufen war.

Jesus hat immer dieselbe Strategie für unsere evangelistischen und missionarischen Unternehmungen. Du startest dort, wo du bist, und baust von dort aus Brücken zum nächsten missionarischen Umfeld. Das wird deutlich, als Jesus zu seinen Jüngern sagte, sie sollen in Jerusalem anfangen, dann nach Judäa gehen, dann nach Samarien und dann bis zu den Enden der Erde.[26] Lasst uns näher anschauen, wie das bei den Jüngern Realität wurde.

- Wenn du als Jünger nach Jerusalem gehst, befindest du dich unter Menschen, die so sind wie du und deren Lebensweise du verstehst.
- Wenn du nach Judäa gehst, befindest du dich unter Menschen, die so sind wie du, aber sie leben an einem anderen Ort.
- Wenn du nach Samarien gehst, befindest du dich unter Menschen, die anders sind als du, dir gegenüber vielleicht sogar Misstrauen an den Tag legen, und sie leben an einem anderen Ort.

Wenn du es bis an die Enden der Erde schaffen willst, musst du lernen, wie man zweierlei Arten von Brücken baut. Du baust eine Brücke von den Menschen in deiner Umgebung, die so sind wie du, zu Menschen, die so sind wie du, aber nicht in deiner Umgebung leben. Ausserdem baust du eine Brücke zu Menschen, die nicht so sind wie du, dir gegenüber möglicherweise Misstrauen

---

[26] Apostelgeschichte 1,8

an den Tag legen und eine andersartige Kultur haben. Das sind für gewöhnlich Menschen, die nicht in deiner Nähe leben.

Wenn du diese beiden Arten von Brücken aus dem Kontext deiner Mission vor Ort bauen kannst, kannst du bis an die Enden der Erde gehen.

Barnabas wandte also diese einfache Strategie an und begab sich nach Zypern. Wir können davon ausgehen, dass es sein Jerusalem oder Judäa war. Dann entschieden sich Barnabas und Paulus, an einen ganz anderen Ort zu reisen. Sie bestiegen ein Schiff, wahrscheinlich an der Nordküste von Zypern, und segelten nordwärts an die Küste von Pamphylien. Zu diesem Zeitpunkt beschlossen sie, eine Reise in die Berggegend von Galatien zu unternehmen.

Pamphylien und Galatien waren „interessante" Missionsstätten – mit interessant meine ich: so beängstigend, wie man es sich nur vorstellen kann. Dieses Gebiet war im Gegensatz zum übrigen Römischen Reich zu 90 Prozent von Sklaven bewohnt. Die Bevölkerung des Römischen Reiches insgesamt setzte sich ungefähr 50/50 aus in Freiheit und in der Sklaverei lebenden Menschen zusammen. Denkt daran, dass die Sklaverei im Neuen Testament nicht gleichzusetzen ist mit der Art von Sklaverei, die den amerikanischen Kontinent überschattet und dessen Geschichte besudelt hat. Es war vielmehr wie eine vertragliche Knechtschaft in der Landwirtschaft –, Sklaven besassen nichts, konnten nicht frei über ihren Lebensunterhalt verfügen, und ihnen wurde von jemandem anders vorgeschrieben, was sie jede Minute am Tag zu tun hatten.

Aber diese ursprünglich keltische Bevölkerung von Pamphylien und Galatien, die dem Römischen Reich und anderen Reichen, die diese Gegend vorher beherrscht hatten (wie die Perser und Assyrer), ein Dorn im Auge gewesen war, war ausserordentlich kämpferisch. (Deshalb gaben die Römer auf, genauso wie bei den Schotten, einer weiteren keltischen Gruppe, und bauten eine Mauer.) Die Römer konnten mit ihnen nicht verhandeln und kamen deshalb zum Schluss, dass es für sie die bessere Lösung sei, die gesamte Bevölkerung zu unterwerfen, indem sie sie versklavten und sie aller Freiheit beraubten.

Man konnte in Galatien und Pamphylien nur frei sein, indem man gesetzlos lebte. Deshalb lebten in Galatien so viele Banditen. Gemäss Berichten aus neutestamentlicher Zeit konnte man bei Reisen auf den Strassen in Galatien fast mit Sicherheit davon ausgehen, geschlagen oder getötet zu werden, wenn man nicht mit einem grossen Stosstrupp Soldaten oder einer sehr grossen Gruppe Mitreisender unterwegs war. Diese Umgebung war Furcht einflössend. Um einen Vergleich mit heutigen Kulturen heranzuziehen: Es wäre, wie wenn man als Amerikaner die Strassen eines fundamentalistischen islamischen Landes bereist. Die Einheimischen würden einen angreifen, schlagen, einem sämtliche Besitztümer abnehmen, einem die Kleider vom Leib reissen, und man würde so ausgesetzt in den Bergen sterben.

Wenn du dein erstes „Samarien" wählen müsstest, würde ich dir raten, nur dann dieses Gebiet zu wählen, wenn es dir der Heilige Geist ausdrücklich sagt!

Es war eine harte Mission. Vielleicht entschied sich deshalb ein junger Mann namens Johannes Markus, Gepäckträger für Paulus und Barney und damals wahrscheinlich erst 17 Jahre alt, zur Heimreise. (Johannes Markus verfasste später ein Evangelium — wahrscheinlich, weil er immer die Predigten von Petrus mitgeschrieben hatte.)

Paulus und Barnabas machten weiter, obwohl ihr Team einen echten Verlust erlitten hatte. (Sie hatten gerade 33 Prozent ihres Teams eingebüsst und waren dadurch auf ihrer Reise durch diese Berggegend voller Banditen noch mehr den Angriffen ausgesetzt.) Sie machten ihre Arbeit, gründeten ihre Gemeinden in Galatien (auch das war natürlich alles andere als einfach) und kehrten nach Antiochia zurück, wo gerade eine Streitfrage entbrannt war. Petrus und verschiedene andere Leiter aus der Gemeinde in Jerusalem waren eingetroffen und verlangten von den Heiden, die zum Glauben an Jesus gekommen waren, durch die Beschneidung Juden zu werden und dem alttestamentlichen Gesetz Folge zu leisten.

Eine weitere Auseinandersetzung, die wir im Galaterbrief nachlesen können, folgte zwischen Paulus und Petrus. Um diesen Streit beizulegen, schickten die Leiter der Gemeinde in Antiochia Paulus und Barnabas hinab nach Jerusalem, um von den Leitern der dortigen Gemeinde in dieser Sache ein entscheidendes Wort zu hören. Unterdessen begaben sich die Leute, die mit der Absicht, Unruhe zu stiften, in die Gemeinde in Antiochia gekommen waren (dazu gehörte Petrus nicht), weiter nördlich nach Galatien und machten sich daran, einen Keil in die von Paulus und Barnabas oben in der Berggegend gestartete Arbeit zu treiben, indem sie den Christen dort sagten, sie müssten auch Juden werden.

Paulus und Barnabas reisten hinab nach Jerusalem, um von Petrus und Jakobus Antworten auf ihre Fragen zu bekommen. Bei ihrer Darlegung stützten sich Paulus und Barnabas auf ihre Zeugnisse darüber, was Jesus unter ihnen getan und wie der Heilige Geist sie geleitet hatte. Sie kehrten mit einem Brief an alle Gemeinden nach Antiochia zurück. Der Brief enthielt die Bestätigung, dass sie Nichtjuden bleiben konnten.

Dieses Ereignis im Missionsleben der Gemeinde gehört zu den wichtigsten Ereignissen in der Urgemeinde, von der Bedeutung her unmittelbar nach Pfingsten und der Verleihung des Heiligen Geistes. Das sage ich, weil wir vermutlich nicht hier wären, wenn es nicht dazu gekommen wäre. Paulus hatte einen grossartigen Sieg errungen und schickte einen Brief an die Galater ab, in dem er sich mit seinen Worten nicht zurückhält: „Wenn ihr euch beschneiden lasst, warum macht ihr dann nicht ganze Sache und lasst euch kastrieren?"[27]

DER ERSTE FILTER

Nachdem er diesen Brief abgeschickt hatte, dachte Paulus offensichtlich, er sollte sich noch mal auf den Weg zu den Galatern machen. Dementsprechend schlägt er Barnabas diese Reise vor. Barnabas wollte Markus mitnehmen, aber Paulus lehnte das kategorisch ab. Wir können uns lebhaft vorstellen, wie Paulus antwortete: *„Diesen Burschen können wir unmöglich mitnehmen. Er hat uns doch letztes Mal im Stich gelassen, als Schwierigkeiten auftauchten."*

Zu diesem Streit war es wahrscheinlich gekommen, weil es Markus leidgetan hatte. Aber das interessierte Paulus nicht. Ihm ging es nicht darum, ob Vergebung angesagt wäre, sondern ob er Markus vertrauen könnte. Vergebung ist ein Geschenk; Vertrauen verdient man sich. Unabhängig von deinen aktuellen Umständen sind Vertrauen und Vergebung völlig unterschiedliche Realitäten. Paulus fand einfach nicht, dass man Markus schon jetzt eine neue Chance geben sollte.

In dieser Geschichte erkennen wir Paulus' Rekrutierungsstrategie für missionale Leiter. Die Anfangsstrategie können wir als ersten Filter bezeichnen. Es fängt mit dem Charakter an und wird folgendermassen mit Inhalt gefüllt:

- **Character:** Hat der/die Betreffende ein Innenleben, das ihn/sie befähigt, an die Missionsfront zu gehen? Oder ist er/sie wenigstens motiviert, es zu entwickeln? Hört er oder sie auf Gott und macht entsprechende Gehorsamsschritte? Bleibt er/sie konsequent? Tut er/sie das Richtige, wenn niemand dabei zuschaut?

- **Kapazität:** Hat er oder sie in der jetzigen Lebensphase genug Zeit zur Verfügung, um etwas zu leiten? Ist genug Freiraum vorhanden? Ist er oder sie körperlich gesund? Emotional gesund? Wie reagiert er oder sie unter Stress oder wenn Schwierigkeiten auftauchen?
- **Chemie:** Ist dir der/die Betreffende sympathisch? Ist er oder sie an-

---
[27] Galater 5,12

deren Leuten sympathisch? Pflegt er/sie einen einigermassen guten Umgang mit anderen Leuten? Arbeitest du/arbeiten andere gern mit ihm/ihr zusammen? Möchtest du mit dem oder der Betreffenden in den Kampf ziehen und mit ihm oder ihr im Schützengraben liegen, wenn ihr voll unter Druck steht?

- **Berufung:** Ist er oder sie dazu berufen, die konkrete Aufgabe zu diesem Zeitpunkt zu übernehmen?

Auf den ersten Blick macht diese Liste vielleicht nicht allzu viel Sinn. Warum ist nirgends die Rede von Kompetenz? Wollen wir nicht, dass diese Leute gut in verschiedenen Sachen sind? Sollte man das nicht auch berücksichtigen? Meine Antwort lautet „ja", aber das gehört zum zweiten Filter der Leiterschaftsbewertung im Rekrutierungsprozess. Auch hier gilt: Es spielt keine Rolle, wie viele Fähigkeiten, Talente oder natürliche Begabungen jemand hat, wenn all das nicht charakterlich abgestützt ist. Wir fragen zuerst nach diesen oben genannten Punkten, denn sie sind grundlegend für Verhalten und Beziehungen.

Ich würde darüber hinaus sagen, dass Kapazität, Chemie und Berufung Charakterfacetten sind. Sie einzeln zu betrachten ist erfahrungsgemäss eine Verständnishilfe.

Fangen wir mit der Berufung an. Das Feststellen der Berufung ist ziemlich schwierig. Jeder kann von sich behaupten, dass er zu irgendetwas berufen ist. Unser 3DM-Team war vor Kurzem damit konfrontiert, dass jemand uns mitteilte, er sei eindeutig zur Mitarbeit bei uns berufen. Allerdings hatte niemand anders den gleichen Eindruck, obwohl der Betreffende so sicher war. Was kann man dazu sagen? Die Situation ist heikel. Warum sind sie berufen? Wie reagieren sie, wenn man Vorbehalte in Bezug auf ihre Berufung äussert? Welche Motivation steht hinter dieser Berufung? Solche Fragen weisen darauf hin, wie der Charakter der betreffenden Person beschaffen ist.

Auch Paulus brauchte jemanden mit der richtigen Kapazität. Er war sich in dieser Frage bei Markus nicht so sicher, denn man kann nur dann etwas über die Kapazität eines Menschen herausfinden, wenn diese erschöpft ist. Die Tankkapazität eines Menschen kannst du bei leerem, nicht bei vollem Tank ermitteln. Hier geht es um Kompetenz, die auf Kapazität basiert.

Es ist übrigens nichts falsch daran, mit seiner Kapazität ans Ende zu kommen. Du wirst es merken. Du wirst dich erschöpft fühlen und wahrscheinlich an der Schwelle zu einem Burnout stehen.

Du stehst am Ende deiner selbst. An diesem Punkt müssen wir unser Leben anhand der folgenden zwei Leitlinien neu ausrichten:

1. Ich muss im Rahmen meiner momentanen Kapazität arbeiten.
2. Ich muss Gott bitten, meine Kapazität zu erweitern. Die Kapazität kann sich erweitern, aber das geschieht normalerweise erst dann, wenn du ans Ende deiner vorherigen Kapazität gelangt bist.

Nimm dir also im Rekrutierungsprozess Zeit, die Kapazität der betreffenden Person einzuschätzen. Nimm sie zum Beispiel auf eine Missionsreise oder auf einen anderen ungewöhnlichen Einsatz mit, um herauszufinden, was den Betreffenden ausmacht. Wenn man sich in einer ungewöhnlichen Umgebung befindet, wenn es etwas bedrohlich wird, findet man heraus, wie es um Charakter und Kapazität wirklich bestellt ist. Wenn Leiter das machen, geht es nicht um ein pharisäerhaftes Richten über den Charakter eines Menschen. Man möchte einfach versuchen einen Menschen einzuschätzen, der eine Schlüsselrolle im eigenen Reich-Gottes-Verantwortungsbereich übernehmen soll. Ein solches Vorgehen ist extrem wichtig. In der entsprechenden Umgebung wirst du entscheidende Faktoren über Charakter, Kapazität und auch Chemie herausfinden. Indem ich mein Gegenüber auf angemessene Art und Weise teste, möchte ich herausfinden, ob er oder sie jemand ist, den ich als missionalen Leiter in meinem Team rekrutieren möchte.

Der Gedanke einer solchen Bewertung bringt uns auf ein kulturelles Thema, mit dem sich die Auseinandersetzung lohnt. Eines der Probleme bei den Millennials (oder Generation Y, der Generation direkt nach der Generation X) besteht darin, dass die Leute aus dieser Generation im Allgemeinen von ihren Eltern übermässige Fürsorge erlebt haben. Diese soziologische Realität ist Gegenstand unzähliger Studien. Nach 1980 Geborene sind im Grossen und Ganzen in einer elterlichen Betreuungskultur aufgewachsen. Elterliche Verantwortung wurde in stark ausgeprägtem Mass wahrgenommen, als Reaktion auf die abwesenden Eltern der vorhergehenden Generation. Die Eltern, von denen hier die Rede ist, wollen ihren Kindern nicht die gleichen Wunden zufügen, die sie in ihrem Familienleben erlitten haben. Aus diesem Grund lassen sie ihren Kindern übermässige Fürsorge zukommen. Vielfach in einem solchen Ausmass, dass die Kinder nie gelernt haben, Verantwortung zu übernehmen.

Um mehr Hintergrundinformationen über diese verallgemeinernde Analyse zu finden, google mal „helicopter parent" (überfürsorgliche Eltern). Du wirst auf ein neues soziologisches Forschungsgebiet stossen. Überfürsorgliche Eltern sind Eltern, die ihrem Kind auf dem ganzen Weg ins Erwachsenenleben nicht von der Seite weichen. In Personalabteilungen werden die Mitarbeiter mittlerweile nicht nur darin ausgebildet, wie man mit Mitarbeitern verhandelt, sondern auch mit deren Eltern. In der Geschäftswelt in den USA ist es gang und gäbe, dass bei Anstellungsgesprächen ein Elternteil zusammen mit dem Kind erscheint, um bei den Anstellungsbedingungen mit zu verhandeln, obwohl das Kind Mitte zwanzig ist. Diese Tendenz ist mittlerweile so verbreitet, dass die Personalabteilungen entsprechende Schulungskurse anbieten müssen.

Jemand, der so stark überbehütet aufgewachsen ist, ist im Allgemeinen nicht dazu in der Lage, die Verantwortung und Reife des Erwachsenenlebens wahrzunehmen, die normalerweise in den Entwicklungsjahren zwischen 20 und 30 erwartet werden kann. Der entsprechende Reifeprozess findet jetzt erst zwischen 30 und 40 statt.

Die Entwicklung von Charakter und Kapazität kommt somit einer riesigen Verantwortung gleich. Wenn du überwiegend mit jungen Erwachsenen arbeitest, solltest du dir klarmachen, dass die meisten, auch wenn sie reif aussehen, ihre Schnürsenkel nicht binden können. Diese Persönlichkeitsmerkmale sind in unserer Gesellschaft heute so verbreitet, dass wir immer, wenn wir jemanden in die Leiterschaft hineinnehmen wollen, sorgfältig überlegen sollten, wie wir den Charakter und die Kapazität desjenigen sowie die Chemie innerhalb des Teams einschätzen und dadurch auch ihre Berufung erkennen und bestärken können.

Wenn jemand in ein Team kommt und noch nicht über den erforderlichen Charakter und die entsprechende Kapazität verfügt, sollte deine Pipeline das erkennen und die Leute in den entsprechenden Bereichen trainieren.

Die Chemie wird beim Rekrutieren missionaler Leiter stark unterschätzt. Sie spielt nicht unbedingt eine Rolle, wenn alles gut läuft — aber ihr werdet ja zu den Waffen greifen und euch für den Angriff rüsten, um es im Grenzgebiet mit dem Reich der Finsternis aufzunehmen! Wenn du mit dem Betreffenden nicht auskommst —, d.h. du kannst nicht schnell kommunizieren und in der Hitze des Gefechts einen kürzeren Weg einschlagen —, wird die ganze Beziehung schwerfällig und aufwendig. Genau das kann man mitten im Kampf nicht unbedingt brauchen.
Diese Fragen haben Paulus sicher beschäftigt, als er darüber nachdachte, ob Barnabas im Recht war mit dem Vorschlag, Johannes Markus mitzunehmen.

Er brauchte jemanden mit dem richtigen Charakter und hatte nicht den Eindruck, Barnabas wäre der Sache gewachsen.

Beim Rekrutierungsteil der Pipeline muss man sich bewusst machen, was für Leute im Rekrutierungspool zur Verfügung stehen und was im Rahmen des Trainings ins Auge gefasst werden sollte.

DIE REISE GEHT WEITER

Kehren wir wieder zu Paulus zurück und schauen, wie es bei ihm mit der Pipeline weiterging. Zu diesem Zeitpunkt hatten Paulus und sein Team Troas hinter sich gelassen. Das Team bestand aus: Silas, einem anerkannten Propheten aus Jerusalem, Timotheus, einem sehr geschätzten Jünger aus Lystra und Ikonien, und Lukas, dem Arzt, den sie offensichtlich in Troas aufgelesen hatten. (Das können wir vermuten, weil es sich bei sämtlichen Berichten in der Apostelgeschichte nach Lydias Bekehrung um Augenzeugenberichte von Lukas, dem Verfasser des Buches, handelt.)

Dieses tolle Team sollte also die Verantwortung für Mission in Mazedonien und Asien übernehmen. Sie durchquerten die griechische Halbinsel und gründeten verschiedene Gemeinden und andere Ausdrucksformen göttlichen Lebens an verschiedenen Orten. Auch in Athen liessen sie eine kleine Gemeinde zurück.

Als Paulus nach Korinth kam, war sein Team über die gesamte Halbinsel verstreut. Später schlossen sie zu ihm auf und überreichten ihm ein Geldgeschenk aus Philippi, damit er sein Zeltmacher-Unternehmen, das er zusammen mit Priscilla und Aquila übernommen hatte, aufgeben konnte. Sie waren Juden, die nach einem Aufruhr aus Rom vertrieben worden waren und sich nach Korinth, das zu einer Art Flüchtlingslager geworden war, begeben hatten.

Was braucht man in einem Lager für wohlhabende Flüchtlinge? Leute, die wissen, wie man Zelte herstellt! Paulus zählte bereits zu dieser Zunft, und bei seinen Missionseinsätzen erwiesen sich diese Fähigkeiten als echtes Plus.

Paulus liess Priscilla und Aquila mit dieser Aufgabe in Korinth zurück. Er wusste, dass sich Widerstand bildete, aber Jesus erschien ihm und sagte ihm, er solle sich nicht fürchten, weil viele seiner Leute in dieser Stadt lebten.

Bleibt dran.

Paulus gründete eine tolle, bedeutsame Gemeinde in Korinth, und am Ende seiner Zeit dort legte er sein Gelübde als Nazarener ab, indem er alle Körperhaare abrasierte, sie in einen Sack tat und diesen symbolisch für sich selbst nach Jerusalem zum Altar brachte. Wenn du deine eigene Persönlichkeit aufgibst, bittest du Gott um einen persönlichen Gefallen. Paulus bat Gott darum, den Stachel aus seinem Fleisch zu entfernen. Der Herr aber ging weiterhin nicht auf die Bitte von Paulus ein, weil die apostolische Berufung von Paulus von seiner Schwachheit besser umhüllt wurde.

Paulus ging von Jerusalem wieder hoch nach Antiochien, wo er zur Ruhe kommen und sich erholen konnte, und dann durchquerte er die heutige Türkei. Stellt euch das mal vor! Er lief durch Galatien nach Asien, in dessen Zentrum sich Ephesus befand – ein Ort, den er schon lange als Ziel anvisiert hatte.

Paulus nahm seine Arbeit in Ephesus auf. Auch hier startete er als Zeltmacher, besuchte die Synagoge und lehrte. Als die Epheser jedoch Widerstand leisteten, verliess er die Synagoge und zeigte dort in Ephesus seine neue Trainingsmethode. Davon hören wir in Apostelgeschichte 19.

> [1]Während Apollos in Korinth war, zog Paulus durch das kleinasiatische Hochland und dann zur Küste hinunter nach Ephesus. Dort traf er auf eine Gruppe von Jüngern. [2]"Habt ihr den Heiligen Geist empfangen, als ihr zum Glauben gekommen seid?", fragte er sie.

„Den Heiligen Geist empfangen?", entgegneten sie. „Wir haben nicht einmal gehört, dass der Heilige Geist schon gekommen ist!"

³"Was für eine Taufe ist denn an euch vollzogen worden?", wollte Paulus wissen.

„Die Taufe des Johannes", erwiderten sie.

⁴Da sagte Paulus: „Johannes rief das israelitische Volk zur Umkehr auf und taufte die, die seinem Aufruf folgten. Aber er verband damit die Aufforderung, an den zu glauben, der nach ihm kommen würde, nämlich an Jesus." ⁵Als sie das hörten, liessen sie sich auf den Namen von Jesus, dem Herrn, taufen. ⁶Und als Paulus ihnen dann die Hände auflegte, kam der Heilige Geist auf sie herab, und sie redeten in geistgewirkten Sprachen und machten prophetische Aussagen. ⁷Es waren etwa zwölf Männer, die zu dieser Gruppe gehörten.

⁸Drei Monate lang ging Paulus regelmässig in die Synagoge von Ephesus und sprach dort frei und offen über das Reich Gottes und alles, was damit zusammenhängt. Er diskutierte mit den Synagogenbesuchern und versuchte sie von der Wahrheit seiner Botschaft zu überzeugen. ⁹Doch einige von ihnen verschlossen sich dem, was er verkündete, und waren nicht bereit, das Evangelium anzunehmen. Stattdessen redeten sie vor allen Versammelten abfällig über die neue Glaubensrichtung. Daraufhin brach Paulus den Kontakt mit ihnen ab. Zusammen mit denen, die Jünger des Herrn geworden waren, trennte er sich von der jüdischen Gemeinde

und sprach von da an täglich im Lehrsaal eines Mannes namens Tyrannus. ¹⁰Das tat er volle zwei Jahre lang, sodass nach und nach die ganze Bevölkerung der Provinz Asien – Juden wie Nichtjuden – die Botschaft des Herrn hörte.

¹¹Dazu kam, dass Gott durch Paulus ganz aussergewöhnliche Dinge geschehen liess. ¹²Die Leute nahmen sogar Tücher, mit denen Paulus sich den Schweiss abgewischt oder Schürzen, die er bei seiner handwerklichen Arbeit getragen hatte, und legten sie auf die Kranken mit dem Ergebnis, dass die Krankheiten verschwanden und dass die bösen Geister ausfuhren.

Diesen Abschnitt wollen wir noch genauer ausloten, müssen aber zuerst einmal zugestehen, dass wir es hier mit einer der erstaunlichsten Missionsgeschichten der Menschheitsgeschichte zu tun haben. Vergessen wir nicht, was hier erreicht wurde: Paulus gründete in wenigen Jahren eine Gemeinde, die in den darauf folgenden 400 Jahren weltweit die wichtigste sein sollte. Die bedeutendste Gemeinde in der gesamten christlichen Welt war in Ephesus, bis Konstantin der Grosse nach der Mailänder Vereinbarung von 313 begann, die Kirche durch die Gravitationsanziehung des Zentrums des Römischen Reiches abzuziehen. Die Gemeinde in Ephesus verlor ihren Status erst durch die Synode von Ephesus in der Mitte bis Ende des 5. Jahrhunderts, als es eine grosse Auseinandersetzung über die Stellung von Maria in der Kirche gab.

Die von Paulus gegründete Gemeinde in Ephesus wurde von Timotheus geführt und danach wahrscheinlich vom Apostel Johannes, der damals ein alter Mann war. Johannes kam mit Maria, einer noch älteren Frau, nach Ephesus. Sie starb dort, und ihr Grab ist bis heute dort zu finden. Ephesus galt als Zentrum der Verehrung einer weiblichen Gottheit, Diana. Paulus, Timotheus und Johannes sägten gehörig an Dianas Ruf. Gemäss Aufzeichnungen, die nicht im Neuen Testament enthalten sind, ging Johannes in den Diana-Tempel und verfluchte das Götzenbild. Daraufhin fiel es zu Boden und zersprang in tausend Stücke.

Diese Hoheit, diese falsche Göttin, thronte jahrhundertelang in Ephesus und wurde von der Bevölkerung angebetet. Es überrascht nicht, dass der Feind die Gemeinde in Ephesus benutzte, um wieder ein Fürstentum in die Gemeinde hineinzubringen und die einzigartige Stellung Jesu als Vermittler zwischen den Menschen und Gott zu untergraben.

VOM TEAM ZUR BEWEGUNG

Kehren wir noch einmal zu Apostelgeschichte 19 zurück. Wir wollen besonders darauf achten, in welchem Augenblick sich für Paulus alles verändert hat.

Zu diesem Zeitpunkt in seinem Leben schaute Paulus dem Tod direkt ins Gesicht. Er war unzählige Male geschlagen worden. Er war gesteinigt worden. Er hatte zweimal Schiffbruch erlitten! Er war beinahe verhungert und immer wieder den Naturgewalten ausgesetzt gewesen. Sein Körper war vermutlich für alle, die ihn kannten, unkenntlich, und er dachte sicher, dass er körperlich nicht mehr allzu viel ertragen konnte. Er musste sich fragen: „Wenn ich sterbe, wer führt das alles weiter? Und auch wenn ich noch am Leben bin, *gibt es nicht einen wirksameren Weg, etwas, das eher eine Bewegung ist als ein einzelnes Team?*"

Hier nahm die echte Bewegung ihren Anfang.

Paulus hatte schon eine ausserordentliche Gemeinde gegründet. Er hatte Arbeit als Zeltmacher, und während der Siesta um die Mittagszeit (wahrscheinlich von 12 bis 16 Uhr) mietete er die Tyrannus-Halle, eine Lehrhalle unter der Aufsicht eines Mannes, den man Tyrann nannte — ein grimmiger Professor. Jetzt rief Paulus ein Team zusammen, das die ganze Provinz Asien evangelisieren sollte. Epaphras zum Beispiel war einer der Missionare, die Paulus von der Halle des Tyrannus aussandte.[28]

Wir wissen nicht genau Bescheid über sämtliche Gemeinden, die von ihnen gegründet wurden. Wir wissen aber, dass ganz Ostasien das Evangelium hörte. Wir können mit Bestimmtheit sagen, dass in Ephesus ein Missionsvorhaben in Richtung Kleinasien gestartet wurde. Durch diesen Einsatz wurden die in der Offenbarung aufgeführten sieben Gemeinden (Smyrna, Laodicea usw.) und die Gemeinden in Hierapolis und Kolossä gegründet. Alle diese Gemeinden wurden in dem kurzen Zeitabschnitt ins Leben gerufen. Und täuschen wir uns nicht: Nicht Paulus legte den Grundstein zu diesen Gemeinden. Es waren vielmehr die missionalen Leiter, die er trainierte, einsetzte und mit ihnen zusammen auswertete.

---

[28] Kolosser 1,7

Wie Jesus setzte Paulus Leute für eine bestimmte Aufgabe ein. Er wollte, dass ihn jemand vertrat (zum Beispiel Epaphras und Timotheus) oder sich in einem bestimmten Kontext um ein konkretes Bedürfnis kümmerte, was wiederum gute Schulung voraussetzte (es ging beispielsweise um das Gründen einer Gemeinde).

Auch in den anderen Briefen von Paulus lesen wir, wie diese Strategie zum Einsatz kommt. Hier einige Beispiele:

- In 1. Timotheus 1,3 sehen wir einen Teil der Einsatzstrategie von Paulus, als er Timotheus anweist, in Ephesus zu bleiben. Es handelte sich um eine sehr religiöse Umgebung, und Timotheus sollte dort lehren.
- In 2. Timotheus 2,2 sehen wir die Jüngerschaftsstrategie, die Timotheus von Paulus übernehmen sollte.
- In Titus 1,4–5 legte Paulus eine sehr klare Einsatzstrategie an den Tag. Es gab bestimmte Sachen zu tun, und deshalb schickte Paulus Titus –, jemand, von dem er glaubte, dass er die Sachen genauso machen würde wie Paulus selbst, denn Titus hatte gelernt, das Leben von Paulus nachzuahmen.

LEKTIONEN DER PIPELINE

Ich denke, das Problem liegt bei uns allen darin, dass ein Grossteil unseres Trainings nicht umfassend genug ist und viel zu schnell erfolgt. Die US-amerikanische Kirchenkultur hat den Aufbau der Leiterschafts-Pipeline überwie-gend von der Geschäftswelt übernommen. Dementsprechend basiert sie auf dem Leiterschaftsmythos: Stelle Talente ein und entlasse Leute, die versagen.

Das ist Blödsinn und entspricht kaum dem neutestamentlichen Modell. Die Pipeline des Neuen Testamentes zeigt auf, wie Jesus das Unternehmen mit seinen ersten Jüngern gestartet hat. Der wichtigste Anteil jedes missionalen Leiters ist der Charakter, nicht das Talent. Zum Zweiten ist Versagen auf dem Weg zu missionaler Leiterschaft extrem wichtig. Wie könnte man sonst lernen? Niemand kommt als toller missionarischer Leiter auf die Welt. Man lernt beim Unterwegssein, und deshalb sind fortlaufendes Auswerten und Training so wichtig.

Wie baut man eine Pipeline, die missionale Leiter multipliziert? So geht es:

- **Rekrutiere** das Team, mit dem du eine Bewegung starten willst.

- **Schule** sie darin, wie sie im missionarischen Grenzgebiet Pionierarbeit leisten können, und bringe weiteren Leuten dasselbe im Jüngerschaftsprozess bei.

- **Setze** dein Team so **ein**, dass sie sich im missionarischen Grenzgebiet die Sporen verdienen können.

- **Werte** mit ihnen den Einsatz **aus**. Schaut euch an, was passiert ist und was sie gelernt haben. Dadurch kannst du sie praktisch coachen und geistlich unterstützen

Immer und immer wieder, mit demselben Team, schulen, einsetzen, auswerten. Schulen. Einsetzen. Auswerten.

Wenn du dein Team lange genug geschult, eingesetzt und mit ihnen zusammen ausgewertet hast —, wie Paulus, der diesen Weg vor dir gegangen ist —, wirst du eine missionale Bewegung mit Leitern starten können, die so viel mehr machen werden, als du es selbst je gehofft, erträumt oder dir vorgestellt hast. Und schliesslich kannst du sie freisetzen für ihre eigene Leiterrolle. Sie sind dann Leiter, die in einem System mit wenig Kontrolle und hoher Verbindlichkeit zurechtkommen. Genauso wie Jesus die Welt und seine Jünger verlassen hat und das voller Zuversicht tun konnte, können wir unsere Leiter voller Zuversicht aussenden. Darin liegt die Stärke der Pipeline.

6
MOTOREN + HÄUSER

Wir haben gesehen, wie die Pipeline im Dienst von Jesus und auf den Missionsreisen von Paulus funktioniert. In diesem Kapitel wollen wir uns mit der praktischen Umsetzung der Pipeline detailliert befassen. Wir wollen die Ärmel aufkrempeln und uns anschauen, wie missionale Leiter geformt und freigesetzt werden können und wie diese wiederum missionale Leiter formen und freisetzen können, die sich anschliessend auf den Weg machen und dasselbe tun.

Erinnert euch an die Bestandteile der Pipeline:

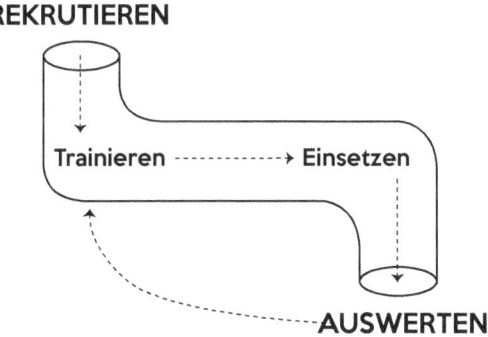

Wir nehmen uns jetzt die Bestandteile der Pipeline vor und werden ganz praktisch.

LEKTIONEN

Wen rekrutierst du? Wofür rekrutierst du sie genau? Woher weisst du, welche Leute du auswählen sollst? Wie kannst du wissen, ob sie bereit sind?

Diese Fragen kommen dir wahrscheinlich jetzt in den Sinn. Das ist gut so, es sind die richtigen Fragen.

In unserem vorangegangenen Buch *Eine Jüngerschaftskultur aufbauen* haben wir uns ausführlich mit einem Jüngerschaftsgefäss, dem sogenannten Huddle, befasst. Jetzige oder zukünftige missionale Leiter werden eingeladen, Teil des Huddles zu werden. Es handelt sich um eine Gruppe mit 4–10 Teilnehmern, in die du konkret investierst, die du im Jüngerschaftsprozess begleitest und denen du dein Leben hingibst. Sie haben im Huddle, aber auch ausserhalb dieser gemeinsam verbrachten Zeit zu dir Zugang. Genau dieses Gefäss wirst du einsetzen, um deine missionalen Leiter zu schulen, sie einzusetzen und mit ihnen eine Auswertung vorzunehmen. Du brauchst kein *anderes* Gefäss (obwohl du dich für ein anderes entscheiden kannst), aber du musst dir zusätzliche Fähigkeiten und Know-how aneignen, wenn du mit dem Huddle missionale Leiter schulst.

Denke daran: Leute in einem Huddle zu haben ist nicht das Ziel. Das Ziel ist missionale Jüngerschaft, und dafür ist mehr erforderlich als das Huddle-Gefäss. Du musst den Leuten darüber hinaus, ausserhalb der regulären Huddle-Zeiten, Zugang zu deinem persönlichen Leben und eurem Familienleben gewähren. (Auch darüber findest du im Buch *Eine Jüngerschaftskultur aufbauen* noch viel mehr Stoff.)

Wie kannst du wissen, ob jemand für die Schulung zum missionalen Leiter bereit ist? Denke als Erstes daran, dass es bei missionaler Leiterschaft nicht um das Managen eines Gemeindeanlasses oder — programms geht. Hier geht es nicht um Management — es geht um Leiterschaft. Du schulst jemanden, den du im Jüngerschaftsprozess begleitest, darin, Gottes Stimme zu hören und herauszufinden, wohin Gott ihn oder sie schickt. Du hilfst ihnen auch, einen Aktionsplan zu erstellen. Später fragst du verbindlich nach, ob sie den Plan umsetzen konnten. Du sendest den betreffenden missionalen Leiter in missionales Grenzgebiet aus, an Orte, an denen möglicherweise das Evangelium gar nicht vertreten ist. Du forderst sie auf, die Frohe Botschaft zusammen mit dem Team, das sie leiten, an diesen Orten zu verkörpern. Das ist *völlig anders*, als wir Leiter in ihrer Rolle in den meisten Gemeinden bisher erlebt haben, stimmt's?

Wir brauchen also einen andersartigen Prozess.

Der erste Filter: Charakter

Dieser Prozess beginnt, wie wir es im Leben von Paulus gesehen haben, mit dem ersten Filter. Nehmen wir einmal an, du denkst an jemanden, der deiner Meinung nach das Potenzial hat, ein toller missionaler Leiter zu werden. Der oder die Betreffende hat etwas an sich, das du in deinen Gedanken mit missionaler Leiterschaft verknüpfst. So startest du.

Den ersten Filter haben wir im vorigen Kapitel ausführlich erläutert. Zusammenfassend lässt sich sagen, dass dieser Filter dich die folgenden vier Bereiche in Betracht ziehen lässt, bevor du weiter darüber nachdenkst, ob jemand missionaler Leiter werden könnte:

- **Charakter**
- **Kapazität**
- **Chemie**
- **Berufung**

Bei jemandem, den du in eine Jüngerschaftsbeziehung mit dir einladen möchtest, um ihn oder sie als missionalen Leiter auszubilden, muss dieser erste Filtertest positiv verlaufen. Ich empfehle dir, den Leuten für jede der vier Kategorien eine Einstufung von A bis F zu geben. Das bedeutet nicht, den Betreffenden zu richten oder ein Werturteil zu fällen. Vielmehr wird eingeschätzt, ob jemand bereit ist, den Schritt in diese Art von Reich-Gottes-Leiterschaft zu machen. Das Schlimmste, was jemandem passieren könnte, wäre rekrutiert zu werden, dann einen katastrophalen Misserfolg zu erleben und somit eine grässliche Erfahrung zu machen, weil er oder sie noch nicht ganz dazu bereit war. Missionale Leiterschaft ist auch dann noch schwierig genug, wenn man dazu bereit ist.

Stufe also einen potenziellen missionalen Leiter in jeder dieser vier Kategorien ein: Charakter, Kapazität, Chemie und Berufung. Meine Erfahrung zeigt, dass jemand, der diese Einstufung erfolgreich absolviert, in jeder Kategorie mit B oder höher abschneiden sollte.

Der zweite Filter: Kompetenz

Beim nächsten Filter, den wir anwenden, geht es um Kompetenz. Im Laufe der Jahre bin ich zu der Feststellung gelangt, dass wir Kompetenz nicht einfach als Fähigkeit, über die jemand verfügt oder auch nicht, definieren sollten. Kompetenz macht eine Aussage über Fähigkeiten und das *Vermögen, diese Fähigkeit jederzeit einzusetzen*. Zum Beispiel mag jemand sein ganzes Leben lang ein fantastischer Autofahrer gewesen sein. Was aber, wenn er oder sie betrunken ist? War der oder die Betreffende auf der alkoholisierten Heimfahrt kompetent? Mit anderen Worten, es können dich Sachen inkompetent werden lassen, wenn sie ausser Kontrolle geraten. In der Kategorie Kompetenz schätzen wir somit ihre Bereitschaft (ihre Fähigkeiten) und ihre Verfügbarkeit (können sie in diesem Lebensabschnitt ihre Fähigkeiten einsetzen?) ein.

Wenn jemand die Hürde des ersten Filters mühelos überwindet, steht bei dir die Entscheidung an, ob er oder sie bereit und verfügbar ist für den Aufbruch in das missionale Grenzland. Ich möchte euch ein Werkzeug zur Einschätzung der Kompetenz in die Hand geben. Es handelt sich um den zweiten Filter, den ich, solange ich zurückdenken kann, bei allen, die je bei mir im Team gewesen sind, eingesetzt habe:

BEREITSCHAFT | MUSS 80% ODER MEHR ERREICHEN

1 = sehr beschränkt 10 = aussergewöhnlich	Vermitteln von Inhalten	Leiten von Gemeinschaften	Fähigkeit, andere zu coachen	Fähigkeit, Beziehungen herzustellen	Beziehungen zum Kernteam
Nachgewiesenes Fähigkeitsniveau					
Erfahrung im Zusammenhang mit 3DM					

Gesamtbereitschaft	%

VERFÜGBARKEIT | MUSS 80% ODER MEHR ERREICHEN

1=stark eingeschränkt 10 = kein Problem	Ort	Verantwortung für die Familie	Finanzielle Verpflichtungen	Berufliche Entwicklung	Gesundheit
Jetzige Situation					
Offenheit für Veränderung					

Gesamtverfügbarkeit	%

Mit Hilfe dieses zweiten Filters kannst du für verschiedene Bereiche einschätzen, wo jemand in seiner oder ihrer Entwicklung als Leiter bereits steht. Welche Fähigkeiten hast du schon auf verschiedenen Gebieten ausserhalb des Gemeindelebens beobachtet? Was hast du im Gemeindeleben beobachtet? Wie sieht es mit seiner oder ihrer Verfügbarkeit aus? Wie sieht seine oder ihre jetzige Situation aus? Gibt es in seinem oder ihrem Zeitplan, Wohnort und der familiären Situation irgendwelchen Spielraum in naher Zukunft? Dieses Werkzeug ist ausserordentlich hilfreich, um herauszufinden, wo jemand steht. Es versetzt uns in die Lage, eines unserer Hauptziele zu erreichen: **Menschen so auszurüsten, dass sie erfolgreich andere Christen in die Mission führen können.**

Allzu oft habe ich Menschen erlebt, die als fantastische Leiter über die richtigen Fähigkeiten und auch die entsprechende Ausbildung und den passenden Charakter verfügen, sich aber in einer herausfordernden Lebensphase befinden. Vielleicht hat jemand gerade ein Kind bekommen. Oder sie gewöhnen sich an das Leben als Ehepaar. Vielleicht gab es vor Kurzem einen schmerzlichen Todesfall. Vielleicht hat jemand gesundheitliche Probleme. Vielleicht stecken sie an ihrer Arbeitsstelle gerade in einem Projekt, das unglaublich viel Energie und Zeit in Anspruch nimmt.

Es wäre falsch, diese Leute zu einer besonderen Schulungszeit für missionale Leiter einzuladen. Es heisst nicht, dass sie das nicht eines Tages machen können, aber sie sind von Gott geliebte Menschen, und es ist für ihn wichtig, dass sie als Leiter an einem gesunden Ort stehen und nicht an einem ungesunden. Gott braucht uns nicht, um seinen Missionsauftrag auszuführen. Er möchte uns einfach gerne gebrauchen. Er setzt sich voll und ganz für unsere Gesundheit ein und möchte sicherstellen, dass sie für uns genauso wichtig ist.

Aus diesem Grund rekrutieren wir Leute, die bereit und verfügbar sind.

Der dritte Filter: Gehe strategisch vor.

Ich möchte euch auch ermutigen, bei der Auswahl strategisch vorzugehen. Diese Regel muss nicht in Stein gemeisselt sein, denn Gott kann euch sicher auf andere Leute aufmerksam machen, die ihr rekrutieren solltet. Aber in der Regel solltet ihr Leute für den Huddle rekrutieren, die L50-Leiter sind. Das heisst: Rekrutiert Leute, die Gruppen mit mindestens 50 Teilnehmern leiten können. Die folgende Grafik zeigt den Grund dafür auf:

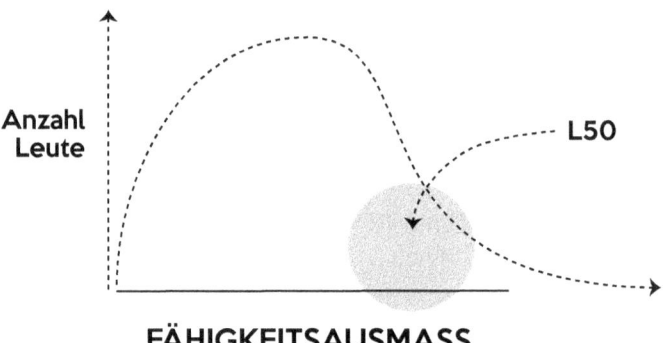

FÄHIGKEITSAUSMASS

Ein hoher Prozentsatz der Leute ist schlichtweg nicht in der Lage, 50 und mehr Leute zu leiten. Deshalb müssen wir strategisch rekrutieren. Mit wachsenden Fähigkeiten als missionaler Leiter wirst du feststellen, dass deine Rolle darin besteht, Gemeindeleiter so zu schulen und auszurüsten, dass sie andere Christen in die Mission führen können. Das solltest du mit Leuten machen, die dazu in der Lage sind, denn du investierst sehr viel Zeit in diese Menschen und sie können das Beste daraus machen.

Vergiss nicht, dass nicht jeder zur Gruppe der 12 um Jesus gehörte. Lass dir nicht weismachen, dass die 72 nicht bei den 12 dabei sein wollten und dass die 120 nicht bei den 72 dabei sein wollten. Aber Jesus erkannte eine Wahrheit, die wir uns zu eigen machen sollten: Unser Zeit- und Energievorrat ist begrenzt. Deshalb sollten wir so weise wie möglich damit umgehen.

Wie erkennst du, ob jemand ein L50 ist?

Im koreanischen Krieg, als die Auseinandersetzungen sich dem Ende zuneigten, geschah etwas sehr Interessantes. Die amerikanischen Generäle kamen nie dahinter, warum in den Kriegsgefangenen-Lagern Hunderte amerikanischer Soldaten von einigen wenigen koreanischen Soldaten bewacht wurden. Warum konnten so wenige koreanische Wachen die Kriegsgefangenen beaufsichtigen, ohne dass ein Aufstand vorprogrammiert war?

Schliesslich lieferte ein koreanischer Soldat, den die Amerikaner gefangen genommen hatten, den Schlüssel. Als die Häftlinge zuerst in das Lager gebracht wurden, bewachte sie eine riesige Zahl koreanischer Wachleute, um eine Meuterei zu verhindern.

Die Koreaner sassen damals auf Wachtürmen, von denen sie das Lager überblicken und die Insassen beobachten konnten. Sie kümmerten sich nicht um Alter, Rang, Fähigkeiten oder Körpermerkmale. Sie hielten vielmehr nach denjenigen Ausschau, um die sich die anderen von selbst zu gruppieren schienen. Wo gab es Ansammlungen, die sich um eine Person bildeten?

Sobald die Koreaner diese Personen identifiziert hatten, trennten sie die Betreffenden von den anderen und steckten sie in Einzelhaft. Dadurch brachen sie den Willen der anderen Häftlinge. Daraufhin konnten die Koreaner die Anzahl der Wachhabenden drastisch reduzieren. Die L50 (und Leute, die noch grössere Gruppen führen konnten) waren entfernt worden. Problem gelöst!

Wir verfahren natürlich nicht wie mit Kriegsgefangenen, aber genau danach sollten wir auch suchen. Fange an, die Leute in deiner Gemeinde zu beobachten. Ignoriere alles, was dich davon abhalten könnte, einen Leiter zu sehen. Beobachte einfach. Zu wem fühlen sich die Leute natürlich hingezogen? Wer ist in dieser Hinsicht schon begnadet? In wessen Leben ist der Heilige Geist schon am Werk, sodass andere darauf reagieren?

Rekrutiere solche Leute.

SCHULUNG

In den letzten Jahren wurde der Frage, wie man Leute ausbildet, sehr viel Aufmerksamkeit geschenkt. Meines Erachtens solltest du in der Lage sein, im Rahmen der Schulung von 4–10 Leuten, die du in die missionale Leiterschaft führen möchtest, die folgenden drei Sachen zu machen::

- Sie so schulen, wie es Jesus und die Urchristen gemacht haben

- Dich selbst in das Leben derjenigen, die du bejüngerst, multiplizieren
- Eine Lernkultur kultivieren

Wenn du unser vorheriges Buch *Eine Jüngerschaftskultur aufbauen* gelesen hast, fügen sich für dich einige Bestandteile im Hinblick auf deine Schulung missionaler Leiter nach und nach zusammen. Wir wollen uns jetzt aber kurz Zeit nehmen und diesen Prozess noch stärker praxisbezogen aufschlüsseln.

Schule sie so, wie es Jesus und die Urchristen gemacht haben — das Schulungsdreieck

Zuerst einmal verstehen wir Schulung anhand dessen, was Jesus und die Urchristen gemacht haben. Wir betrachten das durch die Linse von Information, Imitation und Innovation.

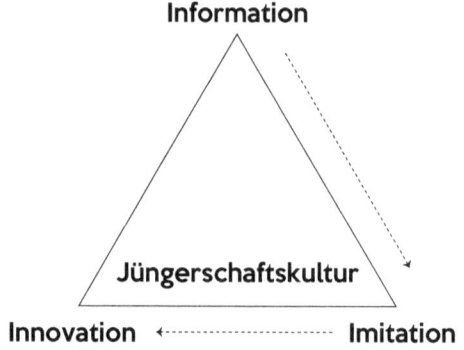

Informationen bekommen wir. Darin sind wir gut. Damit sind wir gross geworden. Wir vermitteln den Leuten die für ihre Aufgabe erforderlichen Informationen. Vielleicht sind es biblische Informationen. Vielleicht geht es um Glaubensbekenntnisse oder Doktrin. Vielleicht ist es praktisch. Aber wir wissen alle, dass man den Leuten Informationen vermitteln muss, weil wir davon ausgehen, dass es beim Lernen unabkömmlich ist.

Dann aber kommen wir zur **Imitation**. Das ist uns in der Kirche des Westens weniger vertraut. Wir sehen es aber vielfach ausserhalb der Gemeinde. Ein anderes Wort für Imitation ist *Lehre*. Jemand weiss, wie man etwas macht, dass du machen möchtest. Daraufhin begibst du dich bei dem Betreffenden in die Lehre — um zu lernen, was er oder sie tun kann. Wenn du beispielsweise Klempnermeister werden möchtest, begibst du dich bei einem Klempnermeister in die Lehre. Wenn du Chirurg werden willst, arbeitest du als Assistenzarzt bei einem erfahrenen Chirurgen.

Wenn du missionale Leiter multiplizieren willst, musst du ihnen die Sachen, die du beherrschst, beibringen. Am Anfang ahmen sie nach, was du machst. Du lieferst ihnen wichtige Informationen und zeigst ihnen dann, wie die Information im wirklichen Leben Gestalt gewinnt, indem du ihnen etwas aus deinem eigenen Leben zum Kopieren vormachst.

Das ist aber noch nicht alles. Nach der Imitation geht es weiter. Der andere wird eine Zeit lang dein Tun nachahmen und kopieren, erwirbt aber schliesslich ein grundlegendes Kompetenzniveau und kann mit der **Innovation** beginnen. Innovation geschieht durch die Linse ihrer Persönlichkeit. Durch die Linse ihres missionalen Umfelds entwickeln sie Neuerungen. Der Heilige Geist formt und führt sie, und dadurch entsteht Neues. Letztendlich geht es nicht darum, dass jemand genauso aussieht wie du. Entscheidend ist, dass sie so anfangen und dann zur innovativen Flexibilität gelangen.

Lasst uns das unter praktischen Gesichtspunkten anschauen. Nehmen wir an, du trainierst jemand konkret für das Leiten einer missionalen Gemeinschaft, einer Gruppe mit 20 bis 50 Leuten, die als geistliche Familie zusammen in der Mission unterwegs sind. Zuerst musst du dem oder der Betreffenden Informationen vermitteln. Was ist eine missionale Gemeinschaft? Wie sieht sie in der Bibel aus? Wie funktioniert sie gut? Wie gestaltet man die Anbetung, wie sieht Lehre aus? Wie kann man gut mit Kindern umgehen? Wie sieht es mit der Mission aus? Mit der Seelsorge? Das sind wichtige Infos für jemanden, der eine missionale Gemeinschaft erfolgreich leiten soll. Das gilt umso mehr, wenn dieser Leiter einen ganz anderen Job hat, der nichts mit „Kirche" zu tun hat.

Über diese Informationen zu verfügen, reicht aber nicht aus. Es muss Fleisch an die Knochen kommen. Zeige deinem missionalen Leiter/deiner missionalen Leiterin konkret, wie du deine missionale Gemeinschaft leitest, biete ihm oder ihr etwas zur Nachahmung. Nehmen wir an, deine missionale Gemeinschaft verkörpert das Evangelium in einem Stadtviertel, in dem vor allem Familien mit Kindern im Grundschulalter leben. Der missionarische Leiter, den du gerade schulst, fühlt sich aber dazu berufen, eine missionarische Gemeinschaft zu starten, die Künstler erreichen soll.

Hier kommt die Innovation ins Spiel. Der missionarische Leiter in Ausbildung hat genügend umfassende Grundlagen konkret in deinem Leitungsstil beobachtet. Jetzt kann er sie mitnehmen und das, was er gelernt und gesehen hat, in seinem eigenen Missionsumfeld auf innovative Weise einsetzen, auch wenn junge Familien und Künstler zwei verschiedene Paar Schuhe sind.[29]

Multipliziere dich in diejenigen, die du bejüngerst — das Leiterschaftsquadrat.

Du brauchst auch Know-how, um dich selbst in den missionalen Leitern deines Huddles multiplizieren zu können. Am Anfang wissen sie praktisch nichts über missionale Leiterschaft. Wie gelangen sie dahin, dass sie sich im missionarischen Grenzgebiet geschickt bewegen und unter der Führung des Heiligen Geistes neuen Boden für Gottes Reich gewinnen können? Wie wird aus dem Nichtwissen eine völlig natürliche missionale Leiterschaft? Wie entsteht aus dem Nichtwissen die Fähigkeit, selbst missionale Leiter zu formen und freizusetzen, so wie du es mit ihnen gemacht hast?

Es geht im Grunde genommen darum zu verstehen, wie Imitation funktioniert und wie man das eigene Know-how in das Leben eines anderen Menschen transferieren kann.

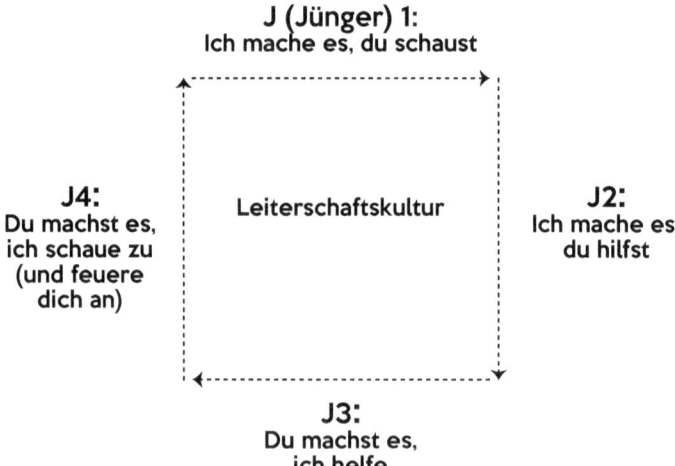

Du hast einen missionalen Leiter, der unbewusst inkompetent ist und nichts von dem machen kann, was er machen soll. Er weiss aber nicht einmal, dass

---

[29] Weitere Informationen zum Thema Schulung für missionale Gemeinschaften findet ihr in meinem Buch *Launching Missional Communities: A Field Guide*

er es nicht kann. Du willst ihn zu unbewusster Kompetenz führen. Er soll Sachen machen können, die du kannst, ohne darüber nachzudenken, weil es ganz natürlich geschieht.

Einfach ausgedrückt machst du das folgendermassen:

- Ich mache es. Du schaust zu (unbewusste Inkompetenz). — Das nennen wir J1.
- Ich mache es. Du hilfst (bewusste Inkompetenz). — Das nennen wir J2.
- Du machst es. Ich helfe (bewusste Kompetenz). — Das nennen wir J3.
- Du machst es. Ich schaue zu. (Und feuere dich an!) (unbewusste Kompetenz). — Das nennen wir J4.

Du trainierst jemanden darin, eine missionale Gemeinschaft zu starten, aufzubauen, Leute in diesem Rahmen zu bejüngern und die Gemeinschaft zu multiplizieren. Dieser Prozess verleiht dir die dazu erforderliche Linse. (Es ist extrem wichtig, dass du selber über das entsprechende Know-how verfügst, bevor du andere ausbildest. Du wirst ja bei diesem Training dein eigenes Leben als Vorbild einsetzen!)

- Du lancierst die neue missionale Gemeinschaft und fängst an sie zu leiten. Derjenige, den du ausbildest, beobachtet.
- Du leitest die missionale Gemeinschaft und forderst den Betreffenden auf, dich in verschiedenen Bereichen beim Leiten der missionalen Gemeinschaft zu unterstützen. Die anderen sehen, dass er oder sie Leiterschaftsaufgaben wahrnimmt.
- Der Betreffende fängt an, mehr Leiterschaftsaufgaben auszuüben als du, und du unterstützt ihn bei Bedarf.
- Der Betreffende übernimmt die gesamte Leitung der missionalen Gemeinschaft. Du hast nur noch nach Bedarf eine Rolle als Beobachter und Coach.

So kann der Prozess des Nachahmens und des in die Lehre Gehens aussehen.[30]

---

[30] Ausführlichere Erläuterungen zum Quadrat in Kapitel 9 von *Eine Jüngerschaftskultur aufbauen*

Kultiviere eine Lernkultur — der Lernkreis

Als Letztes solltest du in dieser Ausbildung eine Lernkultur kultivieren. Bei den beiden letzten Punkten siehst du, dass es unzählige Möglichkeiten gibt, Neues zu lernen, Fehler zu machen, Freude oder Frustration zu erleben, Mist zu bauen und riesige Durchbrüche zu erleben. Wir brauchen eine Kultur, in der diese Erfahrungen kontinuierlich verarbeitet werden, damit wir daraus lernen können.

Das gelingt dir, wenn du den Lernkreis als Werkzeug einsetzt, auf das du beim Bejüngern missionaler Leiter immer wieder zurückgreifen kannst. Mit diesem grundsätzlichen Werkzeug kannst du mit den Leuten eine Auswertung vornehmen.

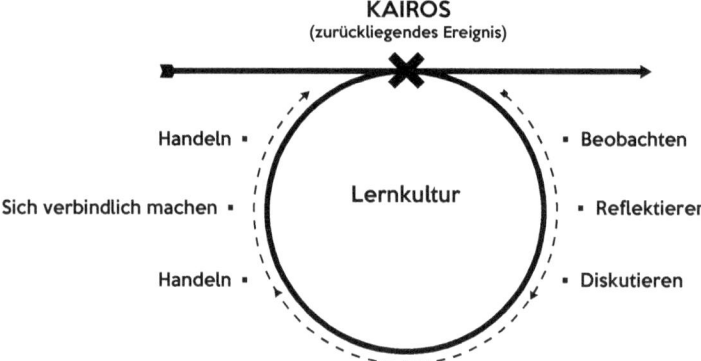

Die Menschen, in die du investierst, werden versagen. Sie werden Triumphe feiern. Sie werden erleben, wie andere zu Jesus finden. Sie werden Mist bauen. Sie werden überwältigt sein. Sie werden sich unzulänglich fühlen. Sie werden erleben, wie Ketten der Ungerechtigkeit fallen. Sie werden konkret Dinge erleben, die sie vorher nur aus der Bibel kannten. Sie werden aussteigen wollen. Sie werden müde sein. Sie werden sich apathisch fühlen. Wenn sie es richtig erfassen, werden sie alle Lampen am Armaturenbrett aufleuchten sehen.

Jede dieser Erfahrungen bietet Gelegenheit, dazu zu lernen — mehr über sie selbst, mehr über Leiterschaft, mehr über das Leben im Reich Gottes. Wenn wir beständig zum Lernkreis zurückkehren, bei sämtlichen Erfahrungen unserer Leiter, werden sie sich die Frage stellen: „Was sagt Gott zu mir und wie reagiere ich darauf?"[31]

---

[31] Ausführlichere Erläuterungen zum Lernkreis in Kapitel 6 von *Eine Jüngerschaftskultur aufbauen*

Ich bin der Überzeugung, dass du diese drei Bestandteile einsetzen musst, wenn du missionale Leiter schulen, freisetzen und multiplizieren willst. Wenn wir die Ausbildung ernst nehmen, müssen wir wissen, wie man das macht und wir müssen auch wissen, ob wir gut darin sind. Meine Erfahrung hat gezeigt, dass man missionale Leiter so ausbilden sollte.

DER LEITERSCHAFTSMOTOR

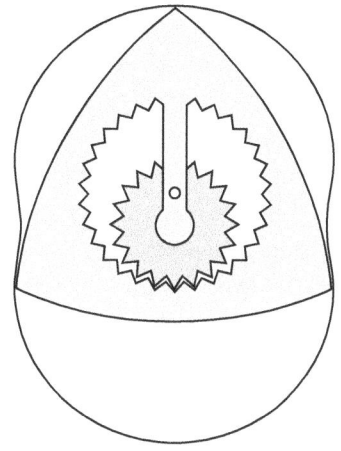

Ich bin ein ziemlicher Autofan und habe schon immer einen unverhältnismässigen Teil meines Einkommens und meiner Zeit für Autos aufgewendet. Ich stehe ständig in der Versuchung, mir schönere Autos zuzulegen, als ich mir leisten kann, weil ich sie toll finde. Ich habe mein ganzes Leben lang an Autos herumgebastelt. Beim Schreiben dieses Buches und beim Nachdenken über die gerade beschriebenen drei Bestandteile hatte ich immer einen Wankelmotor vor Augen. Das ist ein Verbrennungsmotor, bei dem sich nur ein Teil bewegt. Es ist der erstaunlichste Verbrennungsmotor, der je gebaut wurde.

Leiterschaftsmotor

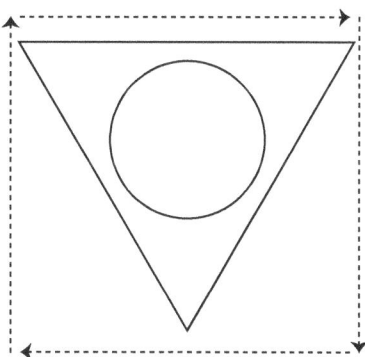

Das Besondere daran ist der bewegliche Teil. Der Kolben ist dreieckig und bewegt sich kreisförmig in einem rechteckigen Gehäuse. Interessanterweise gibt es heutzutage nur ein Auto (zumindest nach meinen Nachforschungen) mit Wankelmotor, den Mazda RX7. Wenn man sich aber beispielsweise an den höchsten Punkt eines Ölfeldes begibt, findet man ganz oben an der Maschine einen dieser Rotationskolbenmotoren, der die Pumpe antreibt. Warum? *Anscheinend sind sie unverwüstlich.*[32]

---

[32] Die Funktionsweise eines Wankelmotors seht ihr auf folgendem You Tube-Video: https://www.youtube.com/watch?v=OwirNR5h30s

Wenn wir die drei vorher behandelten Bestandteile — den Lernkreis, das Trainingsdreieck und das Leiterschaftsquadrat — miteinander kombinieren, sehen wir, dass die Leiterschafts-Pipeline tatsächlich von einem Wankelmotor angetrieben wird.

J1

Beim Behandeln des Quadrats haben wir uns gefragt, was ein Jünger in J1 braucht, um diese Phase erfolgreich zu absolvieren. Die Antwort lautet, dass wir mit Informationen führen müssen. Ein J1-Jünger braucht viele Informationen über die Vision, die Pläne und anderes mehr. Ein J1-Jünger braucht auch etwas Imitation, damit er oder sie konkret sehen kann, wie das funktionieren könnte. Das sind die grossen Sachen, die ein J1-Jünger braucht. Innovation dagegen sollte man in der Phase J1 vermeiden, denn er oder sie hat keine Ahnung, was sie im jetzigen Stadium machen. Innovatives Verhalten könnte wirklich gefährlich sein.

Stelle dir vor deinem inneren Auge jemanden vor, den du als neuen Leiter entwickelst. Was braucht dieser neue Leiter am meisten? Er oder sie braucht Lehre, Training und Input. Er oder sie braucht die Informationen und darüber hinaus für das Besprochene ein Vorbild aus Fleisch und Blut. Information leitet, Imitation folgt.

J2

Nehmen wir an, unser missionaler Leiter kommt in die J2-Phase. Was braucht er oder sie? Was hat Priorität, was steht an zweiter Stelle? Am allerwichtigsten ist, dass Leiter in J2 ein Leben nachahmen können, neben weiteren Informationen. Denkt daran: J2 ist die Phase, in der es heisst: „Ich mache es, du hilfst". Um weitere Schritte nach vorn zu machen, brauchen die Leiter viele praktische Beispiele begleitet von fortlaufenden Unterweisungen.

Das sehen wir im Leben von Jesus, als die Jünger niedergeschlagen und unglaublich frustriert waren. Er machte ihnen die Sachen weiterhin vor, aber sie kamen auch immer noch für ihre Frage-Antwort-Runde ans Lagerfeuer zurück und wurden weiter unterwiesen. Wenn deine Leiter in J2 sind, musst du ihnen Zeit, Vision und Gnade geben. Du bietest ihnen deine Zeit an, verbindest sie wieder mit der ursprünglichen Vision und vermittelst ihnen noch einmal die Informationen, über die sie ganz am Anfang in Begeisterung ausgebrochen sind.

Als Jesus die Jünger zum Beispiel dazu berief, „Menschenfischer" zu werden, wussten sie nicht wirklich, worauf sie sich da einliessen. Sie sagten so etwas wie: „Toll, jetzt werden wir Menschenfischer!" Dann liefen sie mit Jesus los und stürzten dann, kurz gesagt, von einer Klippe. Sie gelangten von unbewusster Inkompetenz zu bewusster Inkompetenz, als ihnen klar wurde, dass Jesus tatsächlich von ihnen erwartete, alle Sachen, die er machen konnte, auch zu tun.

Wir können uns das Gespräch vorstellen. „Halt mal, meinst du, er hat das im Ernst gesagt? Erwartet er von uns, dass wir das alles machen? Du machst wohl Witze. Unmöglich!"

In diesem Augenblick, als die Jünger „unmöglich" sagten, brauchten sie ein neues Verständnis der Vision, die sie am Anfang begeistert hatte, Zeit zum Verarbeiten und Gnade, denn ganz sicher würden sie mit einer Menge Fragen und Zweifel kommen. Durch Gnade sollte ihnen die Erfüllung dieser Vision zuteilwerden. Wir denken an die Worte Jesu: „Du brauchst dich nicht zu fürchten, kleine Herde! Denn euer Vater hat beschlossen, euch sein Reich zu geben."[33]

Nach diesem speziellen Moment entfernte sich Jesus mit seinen Jüngern von der Menschenmenge und verbrachte viel Zeit mit ihnen. Hier fanden Imitation und Information statt. Alles drehte sich um die Jüngerschaftskultur: Sie verbrachten Zeit mit Jesus, wendeten den Lernkreis an und verarbeiteten, was in ihrem Leben geschah.

J3

Du investierst in einen missionalen Leiter in der J3-Phase. Wie solltest du ihn führen? Was braucht er? Dein Hauptgefäss beim Leiten ist immer noch die Imitation. Aber das Dreieck rotiert, weil Innovation jetzt als zweites Gefäss dazukommt. Wenn Leiter in die J3-Phase kommen, wachsen langsam ihr Selbstvertrauen und ihre Kompetenz. Sie entwickeln Glauben, dass sie die Sachen, die ihnen ihr Leiter vermittelt und vorgemacht hat, auch tun können. Jetzt stellen sie sich die Frage: „Wie wird das in meinem Leben aussehen?" Innovation setzt ein.

---

[33] Lukas 12,32

Wenn dein Team Imitation und Innovation erlebt, kann man etwas beobachten: Sie übertreffen sich gegenseitig mit ihrer Schnelligkeit! Du hast charismatische Leiter mit unternehmerischem Flair und einem Reichtum an neuen Ideen. Sie nehmen neue Informationen mit Leichtigkeit auf und lieben es, sich neue Sachen auszudenken. Sie neigen dazu, sofort mit Imitation und Innovation zu starten und erwarten von ihren Teams, ständig und mit entsprechendem Tempo innovativ zu sein. Sie nehmen sich nicht genug Zeit dafür, die neuen Informationen gründlich zu vermitteln (wie und woher sie sie bekommen haben usw.), um all ihren neuen Leitern die Möglichkeit zu geben, sich voll mit ihnen zusammen zu engagieren. Wenn deine Leiter sich in dieser Phase befinden, muss die Disziplin zur geduldigen Weitergabe von Informationen ganz oben auf der Prioritätenliste stehen.

J4

Wie solltest du jemanden führen, der in der J4-Phase angekommen ist? In dieser Phase führt man als Leiter durch Innovation, und die zweite Komponente ist Information. Jetzt machen sie es ja selbst und verbringen nicht mehr so viel Zeit mit dir. Das Leiten in der J4-Phase besteht mehr darin, immer wieder eine Lagebesprechung abzuhalten, in der man sich gegenseitig informiert und hört, was alles gerade läuft.

Zu diesem Zeitpunkt ist dein missionaler Leiter durch die Leiterschafts-Pipeline mit dem Drehkolbenmotor befähigt worden. Jetzt ist er/sie bereit, sein oder ihr eigenes Team zu rekrutieren und den Prozess, den er oder sie gerade durchlaufen hat, zu führen.

EINSETZEN + AUSWERTEN

In der Abhandlung über die Schulung habt ihr gesehen, dass Einsatz und Auswertung im Prozess der Leiterschafts-Pipeline immer präsent sind. Das sieht so aus:

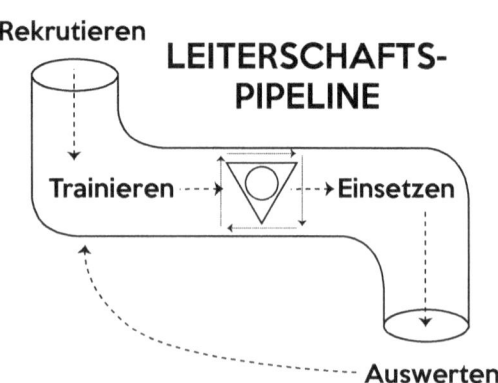

Der Prozess lässt sich so am besten in Worte fassen: Du rekrutierst dein Team jetziger oder künftiger missionaler Leiter. Du schulst sie eine Zeit lang, wie vorher beschrieben. Dann setzt du sie so ein, dass sie Erfahrungen im missionalen Grenzland sammeln können und nimmst dir Zeit, die Erfahrungen mit ihnen auszuwerten.

Dann machst du es noch mal.

Und noch mal.

Und dann noch mal.

Der Leiterschaftsmotor im Schulungsteil der Pipeline ist so stark, dass er die Leute durch Einsatz und Auswertung voranbringen und dann wieder zurück zur Schulung bringen kann. Diese Vorgänge — schulen, einsetzen, auswerten — laufen parallel.

Schulen. Einsetzen. Auswerten. Bei Jesus sehen wir diese Prozesse immer und immer wieder. Er schulte seine Jünger. Er sandte sie zu Missionseinsätzen aus — manchmal begleiteten sie ihn und halfen ihm; manchmal wurden sie zu zweit eingesetzt, ohne ihn. Nach beiden Einsatzformen kehrten sie zurück und nahmen eine Auswertung vor. Dieser Prozess wiederholte sich unzählige Male. Auch hier gilt: Es ist genauso, als wenn man irgendetwas anderes erlernt. Ob man Arzt wird, einen Golfschläger schwingt oder kochen lernt. Du übst, übst, übst, und wenn du lange genug übst, richtig trainiert wirst und Erfahrungen sammelst, wirst du gut!

OIKOS

Zu diesem Zeitpunkt geschieht etwas Interessantes. Bis jetzt haben wir die drei Bestandteile Lernkreis, Leiterschaftsquadrat und Trainingsdreieck als Leiterschaftsmotor beschrieben. Das klingt nicht schlecht, oder? Aber gleichzeitig vermittelt es ein etwas kaltes, distanziertes Gefühl. Und schliesslich formen wir echte Menschen und arbeiten wir mit echten Menschen. Es ist schwierig, einen Prozess mit mechanischen Vorgängen zu beschreiben, wenn es dabei um Menschen geht.

Ausserdem passiert meines Erachtens nach und nach noch etwas anderes.

Ihr habt eine Gruppe mit 4–10 Leuten und brecht alle zusammen in missionarisches Grenzgebiet auf. Aber da seid nicht nur ihr. Vielleicht hast du auch eine Frau und ein paar Kinder. Vielleicht schliessen sich auch die Leute von deinem Huddle an. Während die heranwachsenden Leiter von einem erprobten missionarischen Leiter bejüngert werden, haben sie Zugang zum Leben dieses erfahrenen Leiters und auch zu seinem oder ihrem Familienleben. *Auch die Familie des heranwachsenden Leiters bekommt diesen Zugang.* Somit ist eine kleine erweiterte Familie entstanden.

Ein Huddle mit 4–10 Leuten wird dadurch zu einer grösseren Gruppe mit 25 oder mehr Teilnehmern, wenn man Ehepartner und Kinder mit einberechnet, auch wenn pro Kernfamilie nur ein Familienmitglied tatsächlich zum Huddle als solchem gehört.

Der Leiterschaftsmotor formt dich in missionaler Leiterschaft. Beim Unterwegssein erlebt ihr — du, deine Familie und die anderen in deinem Huddle — sehr eindrückliche Sachen. Langsam aber sicher werdet ihr von Konsumenten zu Produzenten, und ihr erlebt starke innere Transformation. Ihr seht, wie das Reich Gottes an bestimmten Orten in eurer Stadt anbricht. Menschen kommen zum Glauben. Du gewinnst Kämpfe und du verlierst Kämpfe. Du stehst mitten drin. Schliesslich passiert etwas innerhalb dieser Gruppe. Schlussendlich, wenn man genug Zeit dafür eingeräumt hat, fängt die Gruppe an, wie eine Familie zu funktionieren.

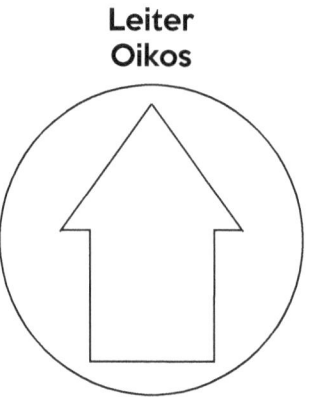

Leiter Oikos

Wenn die Leute in einer Gruppe gemeinsam solche Erfahrungen machen und schwierige, aber lohnenswerte Sachen durchleben, entsteht eine Bindung, die weit über das hinausgeht, was normalerweise bei der entsprechenden Anzahl Jahre zu erwarten wäre. Sie sind dann nicht mehr einfach aus der Beziehung zum Leiter heraus tätig, sondern es entsteht eine Beziehung untereinander. Die Pipeline ist nicht mehr Motor, sondern wird zum Haus.

Das neutestamentliche Wort dafür ist *oikos*. Eine geistliche Familie hat sich entwickelt. Jetzt bilden sie einen Haushalt, der sich aus Leitern zusammensetzt. Und diese missionalen Leiter bilden bald eigene Haushalte, sobald sie selbst als Leiter ausgesandt werden.

Deshalb führen wir eine Gemeinde nicht wie ein Unternehmen. Letztendlich, wenn die Leiterschafts-Pipeline richtig funktioniert, sollten wir eine Gemeinde führen wie eine Familie. Das liegt in der Kraft des *oikos* begründet.

DER HISTORISCHE OIKOS

Zwischen *oikos* (in der Bibel beschriebene Haushalte mit 20–70 Gläubigen) und Jüngerschaft besteht im Neuen Testament eine wichtige Verknüpfung. Das Wort „Jünger" wird in den Evangelien und in der Apostelgeschichte immer wieder verwendet. Aber nach der Apostelgeschichte verschwindet plötzlich dieses Wort buchstäblich aus der Bibel. Das Wort „Jünger" taucht nicht mehr auf.

Einige sind der Ansicht, Jüngerschaft sei jetzt Sache „der Kirche", und Menschen würden fast ausschliesslich durch ihre Teilnahme am Gemeindeleben geistlich geformt. Das Konzept, dass ein Mensch in das Leben eines anderen investiert und sein Leben so einsetzt, dass es nachahmenswert wird, findet keine Anwendung mehr.

Ich glaube, dass dieses Konzept durchaus noch existiert, aber *zur damaligen Zeit wurde es hauptsächlich durch die Eltern-Kind-Metapher in Worte gefasst*. In einer stärker jüdisch geprägten Überlieferung kann man mit der Vorstellung, Jünger zu haben, etwas anfangen. In einer überwiegend griechischen Kultur dagegen spricht das Bild von der Eltern-Kind-Beziehung die Zuhörer mehr an. Gleichzeitig ist der Kontext, in dem Jüngerschaft passiert, immer noch gegeben. Paulus nennt zum Beispiel Timotheus seinen „lieben Sohn", und der Apostel Johannes richtet sich immer wieder an seine „geliebten Kinder".

Dieses Bild bringt zum Ausdruck: Wenn wir Kinder zu reifen Menschen erziehen und ihnen Lektionen und Fähigkeiten vermitteln, die für ihr Leben von unschätzbarem Wert sind, brauchen auch wir geistliche Eltern, die in uns investieren, uns ernähren und uns als geistliche Kinder zur Reife führen. Im Neuen Testament wird Jüngerschaft mehrheitlich mit dem Bild der Eltern-Kind-Beziehung thematisiert.

Wie sah nun der Kontext aus, in dem diese Beziehung gepflegt und entwickelt wurde? Es geschah durch den überaus wichtigen Stellenwert des *oikos*, des Haushalts, der erweiterten Familie.

Vom geschichtlichen Standpunkt aus betrachtet fanden im dritten und vierten Jahrhundert die ersten Erneuerungsbewegungen Zugang zur Kirche, und zwar durch frühe klösterliche Gemeinschaften. Die ersten Leiter dieser Gemeinschaften wurden *abba* (Daddy/Papa/Vater) genannt. Es spielte keine Rolle, ob es sich um Männer oder Frauen handelte. Der Ausdruck ist geschlechtsneutral. Die Menschen damals wurden demnach elterlich betreut und „bevatert", so wie Gott weiterhin für alle der Vater blieb.

Worum geht es hier? Im ganzen Neuen Testament und während der gesamten Zeit der Urchristen waren Jüngerschaft und der Rahmen einer erweiterten Familie untrennbar miteinander verknüpft. Und jede erweiterte Familie wurde von jemandem geleitet.

SPIEL + ZWECK

Viele Männer können ein Vermögen aufbauen, aber nur wenige Männer können eine Familie aufbauen. – J.S. Bryan[34]

Ein gut funktionierender Oikos entwickelt eine Struktur, eine Atmosphäre und eine „Bauchqualität", die jeder spürt (ob man „offiziell" dazugehört oder nicht), aber kaum jemand kann es genau benennen.

Wenn man aber die dynamische Oikos-/Familien-Struktur wegnimmt:
- Kommt einem das Morgengebet vor wie eine Mitarbeiterandacht.
- Fühlt sich der Huddle wie eine langweilige Kleingruppe an.
- Werden missionale Gemeinschaften zu erzwungenen Missionsprojekten.

Ich habe die Kunst des Aufbaus erweiterter Familien in den vergangenen 35 Jahren beobachtet und dabei festgestellt, dass immer eine Kombination von zwei Sachen zum Zug kommen muss: **Spiel und Zweck.**

....

[34] Zitiert aus Guy Kawasakis Buch *Enchantment: The Art of Changing Hearts, Minds and Actions*

Familien spielen zusammen und haben Spass zusammen. Manche Aktivitäten werden geplant, anderes geschieht organisch und wäre gar nicht planbar. Familien haben aber auch einen klaren Existenzzweck, Gott hat sie zu etwas Bestimmtem berufen.

Diese Realität ist bei 3DM in unser Team hineingewoben. Wenn wir einen wichtigen Durchbruch erleben, flippen wir im Büro alle zusammen aus.

Wir schauen Filme zusammen und haben Fun zusammen. Wir gehen zusammen an Fussballspiele oder Spiele unserer Kinder oder machen zusammen Karaoke. Jede dieser Aktivitäten ist genauso wichtig wie die Predigt, die du am Sonntagmorgen hältst, oder die missionarische Schulung für deine Leiter oder das Mitarbeiter-/Geschäfts-Meeting am Montagmorgen.

Du planst Spiel und Zweck, aber du kultivierst auch eine Kultur, in der es organisch geschieht. Einige Veranstaltungen dienen als Spalier für die heranwachsende Pflanze, deine Kultur. Aber wenn das alles ist, entsteht nicht das, was du dir erhoffst.

Du kannst dir folgende Fragen über das Team stellen, mit dem du zusammen dienst:

- Würde ich gern mit ihnen zusammen in die Ferien fahren?
- Würde ich freiwillig in der Freizeit mit ihnen und ihren Familien zusammen sein wollen? Weil ich es möchte und nicht gezwungenermassen?
- Mache ich Sachen, die ihnen Zugang zu meinem Leben und dem Leben meiner Familie gewähren?

Der Kernpunkt ist: Den Aufbau einer solchen erweiterten Familie solltest du nicht übernehmen, weil du bei deiner Gemeinde angestellt bist. *Es ist nicht dein Job.* Du machst es, weil du Mensch bist. Weil du es brauchst. Weil Gott dich so geschaffen hat. Du machst es, weil du ein solches Leben führen möchtest, gegen Bezahlung oder ohne. Ich möchte damit sagen, dass wir alles daran setzen sollten, in dieser ganzheitlichen Form mit unseren Teams unterwegs zu sein.

Die Frage ist: Ist das bei uns Realität?

TIPPS FÜR DEN AUFBAU DEINES OIKOS

Mein guter Freund Keld Dahlmann leitet eine tolle missionale Bewegung in Skandinavien. Den Leitern, die er formt, vermittelt er diese sechs Prinzipien für den Aufbau eines *oikos*[35]:

1. Gemeinsame Vision (Wofür gibt es uns? Mit anderen Worten: Wie wird diese Gemeinschaft den Himmel auf die Erde herabholen?)
2. Geteilte Ressourcen
3. Erweiterte Familie (Das geht über die Kernfamilie hinaus. Wir empfehlen mindestens 15–20, höchstens 50 Leute.)
4. Mutter/Vater (Leiter in einer väterlichen Rolle)
5. Gebet
6. Gemeinsames Essen

Denke an die Leute, die du als missionale Leiter schulst. Denke an ihre Familien, die mit ihnen und jetzt auch mit dir verbunden sind. Wie wäre es, einen solchen Leiterschafts-Haushalt ins Leben zu rufen? Was müsstest du unternehmen?

Ein wichtiges Thema ist natürlich die Zeit. Packen wir da noch etwas Zusätzliches in unser übermäßig verplantes Leben? Ich möchte euch stark ermutigen, einfach Menschen zu dem einzuladen, was sowieso zum Rhythmus eures Familienlebens gehört. Wenn ihr als Familie immer am Donnerstag zusammen

---

[35] Hier folgt nur ein kurzer Einblick in den Aufbau der erweiterten Familie. Mehr Einzelheiten findet ihr im Buch *Launching Missional Communities*.

zu Abend esst, ladet einfach Leute dazu ein. Hängt nicht noch etwas an. Lasst einfach Leute an einer guten Sache, die schon läuft, teilhaben.

Das Teilhaben-Lassen ist ein grundlegendes Prinzip, das du deinen jetzigen oder zukünftigen missionalen Leitern vermitteln solltest. Arbeite nicht härter – arbeite schlauer.

Was wir auch als hilfreich empfunden haben: etwas zu autorisieren und den Leuten zu erlauben, einen entsprechenden Namen für ihre Gruppe zu verwenden. Darunter verstehe ich Folgendes: Vielfach trifft sich eine Gruppe von Leuten durch eine gemeinsame missionarische Aktivität regelmässig. Im Laufe der Zeit fühlen sie sich zu dieser Gemeinschaft zugehörig und verbringen mehr Zeit miteinander. Demgegenüber gibt es Gruppen, die aufgrund ihrer Zugehörigkeit schon viel Zeit miteinander verbringen und dann anfangen, zusammen etwas Missionarisches zu unternehmen.

Jetzt solltest du die entsprechende Gruppe richtig benennen: eine funktionierende erweiterte Familie, die missionarisch unterwegs ist (oder missionale Gemeinschaft oder welche Terminologie auch immer ihr verwendet). Dafür brauchen sie eine Ermächtigung. Wenn sie zusammen UP/IN/OUT machen, gib ihnen „offiziell" deine Zustimmung, ermächtige sie und lade sie einfach ein, verbindlich mit dieser Gemeinschaft alle drei Dimensionen, UP, IN und OUT, umzusetzen.

VORSICHT IST GEBOTEN

Auf etwas müsst ihr wirklich achtgeben. Wahrscheinlich habt ihr diese zwei Leiterschafts-Mottos schon mal gehört:
- Du reproduzierst dich selbst.
- Leiter definieren Kultur.

Das sind starke Wahrheiten, die unbeabsichtigte Konsequenzen nach sich ziehen können. **Wenn ihr das nicht im Auge behaltet, wird euer Leiter-*Oikos* nur eine *Art von Leitern* hervorbringen.**

Hier geht es wieder um den fünffältigen Dienst und Kompetenz. Bist du Evangelist, wirst du höchstwahrscheinlich deine missionalen Leiter zu Evangelisten heranbilden. Als Hirte wirst du sie zu Hirten formen. Als Prophet wirst du sie zu Propheten formen.

Genauso wie es wichtig ist, bestimmte Zeiten ausserhalb deiner Grundstärke (Basis) zu verbringen, solltest du die missionalen Leiter in deiner Pipeline so formen, dass sie werden, *wofür Gott sie geschaffen hat* — und nicht Kopien von dir. Du bist vielleicht Evangelist, und sie können in einer Phase als Evangelist viel lernen, wenn sie selbst Apostel sind. Aber schlussendlich müssen sie Apostel sein, nicht Evangelist. Bei der Schulung und Freisetzung deiner missionalen Leiter solltest du das ständig im Auge behalten.

Du brauchst eine Leadership-Pipeline, die alle fünf Arten missionaler Leiter hervorbringt — nicht nur deinen eigenen Typ. Und da Leiter Kultur definieren, wird man in deiner Kultur tendenziell dem Wert beimessen, was du als Leiter für wertvoll erachtest. Deshalb musst du dir unbedingt klarmachen, wie nötig und wertvoll alle Bereiche des fünffachen Dienstes sind.

Hier können wir uns klarmachen, warum das so wichtig ist:

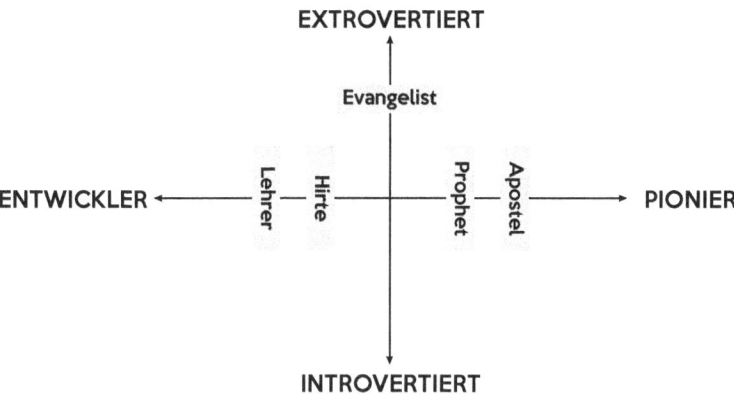

Jeder der fünffältigen Dienste nimmt einen Platz auf der Skala vom Pionier zum Entwickler ein, und deshalb ist jeder Dienst für die Mission extrem wertvoll. Pioniere nehmen Land ein; Entwickler bebauen das Land. Wenn wir nur Pioniere haben, die vorwärts stürmen und das raue, nicht entwickelte Grenzland einnehmen, werden wir das gewonnene Land nie behalten. Es gibt dann keinen Entwickler, der dafür sorgt, dass das Land entwickelt, bewahrt und fruchtbar gemacht wird. Das gesamte Land geht verloren.

Ebenso gewinnen wir ohne Pioniere nie neuen Boden. Als Folge stagnieren unsere Gemeinschaften und machen Rückschritte, weil es kein neues Land zum Entwickeln gibt.

DER LEIB CHRISTI

Pioniere   Entwickler

P   E

P   E

Meines Erachtens liegt fast allen Gemeindespaltungen ein ungelöster Konflikt zwischen Pionieren und Entwicklern zugrunde. Sie haben nicht kapiert, wie man zusammenarbeitet, und sie haben nicht kapiert, warum sie einander brauchen.

Etwa 70 Prozent der Bevölkerung sind Entwickler und 30 Prozent sind Pioniere. *Bei uns muss beides zusammenwirken.* Wenn man Mission ins Gespräch bringt — und darüber müssen wir uns im Klaren sein — fällt das in der Regel bei den Pionieren auf fruchtbaren Boden. Dann müssen wir langsam genug vorgehen, um die Entwickler mitzunehmen. Sie werden das Land, wenn wir dort sind, kultivieren. Gleichzeitig müssen wir ein gewisses Tempo aufrechterhalten, um bis zur Grenze zu kommen.

Dieses Ziel steht hinter der Leiterschafts-Pipeline: die richtigen Leute zu rekrutieren, um sie anschliessend zu schulen, in der Mission einzusetzen und gemeinsam eine Auswertung dessen vorzunehmen, was passiert. In diesem Prozess bringt sie der Leiterschaftsmotor von J1 nach J4, und wir werden erleben, wie sich eine geistliche Familie herauskristallisiert.

In diesem Prozess müssen wir unsere Leiter beim Paradigmenwechsel und auch im Hinblick auf praktische Realitäten unterstützen. Im folgenden Kapitel wird von beidem je ein Schlüsselfaktor aufgezeigt.

7
BUND UND KAPITAL

Durch meine über 30-jährige Tätigkeit mit Leitern habe ich herausgefunden, dass zwei unterschiedliche Sachen wichtig sind, wenn man Kulturen formen will, in denen Leiter für den Erfolg des Reiches Gottes bevollmächtigt und freigesetzt werden können. Die eine ist ein Paradigma, bei der anderen handelt es sich um eine praktische Realität. Ich möchte ein Kapitel darauf verwenden, euch diese Gedanken mitzuteilen. Ich glaube, es wird missionalen Leitern in deinem *oikos* genauso weiterhelfen wie es den missionalen Leitern in meinem *oikos* geholfen hat.

PARADIGMENWECHSEL — VERSCHIEDENE FORMEN DES BUNDES

Missionale Leiter brauchen eine mehr auf das Reich Gottes ausgerichtete Sichtweise im Hinblick auf Gottes Aussagen über das Funktionieren unserer Welt. Das betrifft sowohl die Frage, warum wir hier auf der Welt sind als auch, noch konkreter, unsere Art und Weise, Entscheidungen zu treffen. Meines Erachtens zeigt uns die Bibel die richtige Reihenfolge für unsere Prioritäten auf:

1. Unser Bund mit Gott, dem Vater
2. Unser Bund mit unserem Ehepartner/unserer Ehepartnerin und den Kindern
3. Unsere missionale Berufung und Familie: Wohin und zu wem werde ich zum jetzigen Zeitpunkt berufen?
4. Unsere Arbeitsstelle

Ich glaube, diese Liste hat nichts Revolutionäres, bis wir zum dritten Punkt kommen. Mit dieser Liste gebe ich nämlich zu verstehen, dass die Berufung eines Menschen zu missionaler Leiterschaft vorgeben sollte, welche Arbeitsstelle der oder die Betreffende hat und wo sich der Arbeitsort befindet.

Im Laufe der Jahre haben sich unzählige Leute in unsere Gemeinschaft und ein bestimmtes Missionsprojekt vor Ort berufen gefühlt, sich dann aber entschieden, wegen einer Gehaltserhöhung von 5 000–10 000 Dollar im Jahr aus der Stadt wegzuziehen. Ich möchte hier klar wiedergeben, wie sie ihre Entscheidung kommentiert haben: „5000–10 000 Dollar im Jahr ist mehr wert als die missionarische Berufung, die Gott in mein Leben gesprochen hat und in das Leben der Familie, mit der zusammen ich gedient habe."

Das bringt ihr Leben — ziemlich wörtlich — zum Ausdruck.

Ich habe erlebt, wie unzählige Pastoren genau dieselbe Entscheidung getroffen haben. Durch ein solches Handeln richten wir uns nach den Wertmassstäben aus, die in der Welt als wichtig gelten und Entscheidungen diktieren, anstatt nach den Reichs-Gottes-Realitäten. Reich-Gottes-Realität bedeutet: Wir haben einen Vater, der sagt: „Schaut euch die Vögel in der Luft an. Ich kümmere mich um sie. Werde ich mich nicht auch um euch kümmern?"[36]

Ich möchte damit nicht sagen, dass wir für lächerlich wenig Geld arbeiten sollen und es soweit kommen kann, dass wir nicht für unsere Familie sorgen können. Das wäre eine Verletzung des Bundes mit unserem Ehepartner und unseren Kindern, der eine Stufe über unserer persönlichen missionalen Berufung steht. Ich sage aber, dass Leute immer und immer wieder Entscheidungen aufgrund von Geld, Sachen, Gelegenheiten, Glamour, Bekanntheit, Konsumverhalten oder Ehrgeiz treffen, *anstatt Gott zu fragen, wohin er sie beruft*. Missionale Leiter treffen ihre Entscheidungen einfach anders, und es ist unbedingt ratsam, dieser Reich-Gottes-Realität im Leben der von dir geschulten missionalen Leitern zu verleihen.

Wenden wir uns einem praktischen Beispiel zu. Nehmen wir an, einem der missionalen Leiter in deinem Huddle wird eine Beförderung mit Gehaltserhöhung angeboten. Toll! Das ist super. Jeder würde spontan sagen: „Nimm das an! Akzeptiere das Geld und die Beförderung und erklimme weiterhin die Karriereleiter im Unternehmen."

---

[36] Matthäus 6,26

Ich würde diesem missionalen Leiter aber gern folgende Fragen stellen:

- Wenn du die Stelle annimmst, kannst du dann deinem Bund mit Gott treu bleiben? Wirst du immer noch Zeit mit ihm verbringen können? Wirst du immer noch aus dem Ruhen arbeiten können, anstatt von der Arbeit zu ruhen?
- Wie wird sich der neue Job auf deine Familie auswirken? Wird er mehr Stress mit sich bringen? Wirst du immer noch Qualitätszeit mit deiner Frau/deinem Mann und deinen Kindern verbringen können? Wirst du noch genug Zeit für gemeinsame Unternehmungen mit der Familie haben?
- Wirst du immer noch bereit sein, den Menschen, zu denen du dich von Gott berufen fühlst, zu dienen? Was würde sich verändern? Bist du immer noch dazu berufen, diesen Menschen zu dienen?
- Lohnt es sich, für das Mehr an Geld und Status Abstriche in anderen Bereichen zu machen?

In solchen Situationen helfen wir den missionalen Leitern, die wir gerade schulen, ein Reich-Gottes-Verständnis dafür zu entwickeln, wie wir unser Leben strukturieren und wie wir Entscheidungen fällen. Wir verantworten uns nicht vor dem Geld. Wir verantworten uns nicht vor den Sachen. Wir verantworten uns nicht vor dem Ehrgeiz, und wir sind unserem Verlangen nicht ausgeliefert. Wir verantworten uns vor Gott.

Mein Freund Todd Hunter drückt es folgendermassen aus: „Du bist Agent für Gottes Reich, geschickt verkleidet als Anwalt (oder Künstler oder Banker oder Mutter oder Elektriker usw.)."[37]

Dieser entscheidende Bereich sollte meines Erachtens bei allen missionalen Leitern angesprochen werden. Er fällt unter die subtilen Dinge, die der Feind einsetzt, um unsere Wirksamkeit zu beeinträchtigen. Ist das nicht genial? Er sieht, dass jemand missionale Zugkraft bekommt und sorgt dafür, dass der oder die Betreffende eine Gehaltserhöhung von 7000 Dollar in einer völlig anderen Gegend bekommt und damit für ein paar Jahre von der Spielfläche verschwindet. Wir müssen erkennen, dass es sich so immer wieder zuträgt und unsere Leiter auf diese Tatsachen aufmerksam machen.

---

[37] Zitat aus einem Vortrag von Todd Hunter bei der Ecclesia National Gathering 2010

DIE PRAKTISCHE REALITÄT – FÜNF ARTEN VON KAPITAL

Als Zweites solltest du dich mit einer praktischen Gegebenheit auseinandersetzen, mit der du zurechtkommen musst, wenn du missionale Leiter formen und multiplizieren willst.

Lukas gibt eine faszinierende von Jesus erzählte Geschichte wieder. Das Gleichnis handelt von einem scharfsinnigen Verwalter, und die meisten von uns wissen nichts Genaues damit anzufangen.

> [1]Jesus wandte sich zu seinen Jüngern und sagte: „Ein reicher Mann hatte einen Verwalter. Über diesen gingen Klagen bei ihm ein; es hiess, er veruntreue ihm sein Vermögen. [2]Da liess er den Verwalter rufen. ‚Was muss ich von dir hören?' sagte er zu ihm. ‚Leg die Abrechnung über deine Tätigkeit vor; du kannst nicht länger mein Verwalter sein.'
>
> [3]Der Mann überlegte hin und her: ‚Was soll ich nur tun? Mein Herr wird mich entlassen. Für schwere Arbeit tauge ich nicht, und ich schäme mich zu betteln. [4]Doch jetzt weiss ich, was ich tun kann, damit die Leute mich in ihren Häusern aufnehmen, wenn ich meine Stelle als Verwalter verloren habe.'
>
> [5]Nacheinander rief er alle zu sich, die bei seinem Herrn Schulden hatten. ‚Wie viel bist du meinem Herrn schuldig?', fragte er den ersten.
>
> [6]'Hundert Fass Olivenöl', antwortete der.
>
> Darauf sagte der Verwalter: ‚Hier, nimm deinen Schuldschein, setz dich schnell hin, und schreib statt dessen fünfzig.'
>
> [7]Dann fragte er den nächsten: ‚Und du, wie viel bist du ihm schuldig?'
>
> ‚Hundert Sack Weizen', lautete die Antwort.
>
> Der Verwalter sagte zu ihm: ‚Hier, nimm deinen Schuldschein, und schreib statt dessen achtzig.'
>
> [8]Da lobte der Herr den ungetreuen Verwalter dafür, dass er so klug gehandelt hatte. In der Tat, die Menschen dieser Welt sind im Umgang mit ihresgleichen klüger als die Menschen des Lichts. [9]Darum sage ich euch: Macht euch Freunde mit dem Mammon, an dem so viel Unrecht haftet, damit ihr, wenn es keinen Mammon mehr gibt, in die ewigen Wohnungen aufgenommen werdet."[38]

Ich möchte euch weitergeben, um was es meines Erachtens hier geht. Ich habe mit Wirtschaftsfachleuten darüber gesprochen. Sie betrachten offensichtlich die Welt durch die Linse des Kapitals. Marx hat natürlich in seinem Buch *Das Kapital* diesen Begriff im Hinblick auf ein breiteres Spektrum der Realität als nur das Geld geprägt. Er hatte die praktische Realität erkannt, dass die Welt durch eine Reihe von Beziehungen funktioniert, in denen bestimmtes Kapital auf bestimmte Art und Weise investiert wird.

Wirtschaftsfachleute verwenden beispielsweise den Begriff soziales Kapital. Einige bezeichnen die uns umgebende Infrastruktur als Infrastruktur-Kapital eines Ortes oder einer Stadt. Sie begeben sich an einen bestimmten Ort und sind in der Lage, ihn aufgrund der Qualität der Strassen, Laternenpfähle, der Baumbepflanzung, Landschaftsgestaltung und zahlreicher anderer Faktoren zu bewerten. Das alles ist Kapital.

Ich habe festgestellt: Man kann Wirtschaftsfachleute antreten lassen und sie allesamt um die ganze Welt schicken, aber sie werden nicht in allem gleicher Meinung sein, weil im Bereich Wirtschaft jeder seine eigene Meinung hat. Ich biete euch jetzt meine Sicht der Dinge an – möglicherweise liege ich falsch. Logischerweise würde ich sie euch nicht weitergeben, wenn ich anders darüber denken würde. Deshalb spricht man von persönlicher Ansicht.

Meines Erachtens gibt es in der Bibel sowie in der ganzen uns umgebenden Welt fünf Arten von Kapital:

1. **Geistlich:** Wie viel Glauben hast du zum Investieren?
2. **In Beziehungen:** Wie viel Beziehungskapital hast du zum Investieren?
3. **Körperlich:** Wie viel Zeit und Energie hast du zum Investieren?
4. **Intellektuell:** Was an Intellekt, Fähigkeiten und Kompetenzen hast du zum Investieren?
5. **Finanziell:** Wie viel finanzielles Kapital hast du zum Investieren?[39]

Als Erstes steht in dieser Liste, was am schwersten zu bekommen ist (geistlich), bis hin zu dem, was am leichtesten zu bekommen ist (finanziell).

Jetzt kommt der interessante Punkt. In der Welt und sogar in der Kirche verläuft diese Liste umgekehrt. Denke an den reichen Jüngling, der traurig da-

---

[38] Lukas 16

[39] Soziales Kapital, mit dem wir uns im Vorangegangenen befasst haben, kann man sich einfach als Kombination der drei mittleren Punkte vorstellen.

vonging, weil er über grossen Wohlstand verfügte. Jesus wollte zum Ausdruck bringen: Die Art und Weise, wie du das Kapital in deinem Leben siehst, ist völlig verkehrt. Er meinte damit, dass eine Beziehung zu ihm und zum Vater und das Leben in ihrem Königreich eine kostbare Perle ist. Damit wurde eine wirtschaftliche Metapher verwendet. Jetzt kommt noch eine: ein Schatz in einem Acker.

Folgendes musst du tun, sagt Jesus: „Verkaufe alles! Gib alles auf, löse alles für die eine Sache ein, die wichtiger ist als alles andere."[40]

Geistliches Kapital ist somit weitaus wichtiger als alle anderen Kapitalformen.

Was bringt Jesus in Lukas 16 durch den scharfsinnigen (und leicht unehrlichen) Verwalter zum Ausdruck? Ich sehe darin: Beziehungskapital ist wichtiger und schwerer zu finden als finanzielles Kapital – setze also dein Geld ein, um Freunde zu kaufen! Das ist die Pointe der Parabel. Es gibt wohl keine andere! Jesus sagte, wir sollen unser Geld in das Leben von Menschen investieren, und vielleicht bekommen wir dadurch ihre Freundschaft. Anders gesagt: Mache dir klar, wo jede Art von Kapital von der Reihenfolge her steht.

Jesus lobte den klugen Verwalter, weil er schlau genug war zu wissen, wie die Welt funktioniert und wie er mit dem ihm in unterschiedlicher Form zur Verfügung stehenden Kapital Handel treiben konnte. Ihm war schnell klar, dass er eine Stelle bräuchte, weil er demnächst gefeuert würde. Wisst ihr, was man braucht, wenn man keinen Job hat? Freunde, die dir helfen können, einen Job zu bekommen! Jesus lobte den Mann nicht dafür, dass er faul oder hinterhältig war; er lobte ihn einfach für sein Verständnis dafür, wie der Handel mit verschiedenen Kapitalarten funktioniert. Und Jesus forderte uns klar dazu auf, diese Mechanismen auch zu verstehen.

Wie macht man also jemanden zu einem missionalen Leiter?

Du machst jemanden zu einem missionalen Leiter, indem du *alle fünf Kapitalsorten* in den betreffenden Menschen investierst. Du wirst alle fünf brauchen. Alle fünf sind erforderlich, um einen Einzelnen hervorzubringen. Alle Kapitalarten sind die Gesamtsumme deines Lebens, und wenn du jemanden hervor-

---

[40] Matthäus 13,44

bringen möchtest, der dich abbildet, und in dem der Heilige Geist wirkt, musst du alles, was du hast, investieren.

Problematisch ist, dass deine Kapitalarten möglicherweise in einer wenig hilfreichen oder ungewöhnlichen Reihenfolge vorhanden sind. Beispielsweise kann bei dir das intellektuelle Kapital viel höher auf der Liste stehen, weil wir in der westlichen Kirche intellektuelles Kapital viel höher bewerten als alles andere. Woher ich das weiss? Die Gemeinden haben normalerweise bei der Einstellung von Pastoren drei Kriterien:

1. Wie gut sie predigen (intellektuelles Kapital)
2. Wie stark sie organisatorisch begabt sind (intellektuelles Kapital)
3. Wie gut sie Geldmittel aufbringen können (finanzielles Kapital, weil es auf der Fähigkeit des Betreffenden beruht, diese spezifische Kapitalform zu erhöhen.)

Wir wollen schonungslos ehrlich sein und zugeben, dass aus diesen Gründen die Leute in der westlichen Kirche eingestellt werden. Aber das sollte nicht so sein!

Ich möchte hier ganz deutlich erklären, wie die verschiedenen Kapitalarten funktionieren. Zunächst einmal: Sie sind in absteigender Reihenfolge angegeben. Darüber hinaus gilt: Jedes Kapital ist etwa zehnmal wichtiger als das darunter stehende. Körperliches Kapital ist viel wichtiger als intellektuelles Kapital. Woher ich das weiss? Wenn ich eine Migräne habe, kann ich kein Buch lesen. Wenn ich starke Zahnschmerzen habe, kann ich nicht zur Arbeit gehen. Es ist zwar nur ein Zahn, aber die Schmerzen sind kaum auszuhalten. Intellektuelles Kapital funktioniert nicht, wenn du krank bist. Es funktioniert nicht, wenn du ausgebrannt oder erschöpft bist oder kurz vor einem Nervenzusammenbruch stehst.

Die meisten von uns haben das finanzielle und intellektuelle Kapital vor das körperliche Kapital gestellt. Du bist sehr ungewöhnlich, wenn das bei dir nicht der Fall ist. Schaut man sich an, wie die meisten Leute in deiner Gemeinde ihre Tage verbringen, machen sie genau das: Sie stellen ständig das Geld vor ihre Gesundheit, oder nicht?

Ehrlich gesagt: Das Funktionieren unserer Gemeinden zeigt, dass wir die westliche Konsumhaltung mit ihren Wertvorstellungen übernommen haben, anstatt uns danach auszurichten, wie Jesus Kapital bewertet.

Jetzt wollen wir uns mit dem Beziehungskapital befassen. Glaubst du wirklich, dass Beziehungskapital zehnmal so wichtig ist wie körperliches Kapital? Ich bin davon überzeugt. Meiner Ansicht nach kommt das Beziehungskapital innerhalb der fünf Kapitalarten direkt nach dem geistlichen Kapital. Das glaube ich, weil Jesus als letzte Worte an dich und mich die Aufforderung gerichtet hat, Jünger zu machen. Beim Jüngermachen sind geistliches Kapital und Beziehungskapital am wichtigsten. Man kann keinen Menschen zum Jünger machen ohne eine Beziehung, und man kann niemanden zum Jünger machen ohne Gottes Hilfe.

Interessanterweise gestalten und bauen wir unser Leben ohne grosse Rücksicht auf das Beziehungskapital. Darunter leiden Freundschaften. Familien leiden. Ehen leiden. Warum? Weil eine der niedrigeren Kapitalformen höher steht, als sie stehen sollte. Viele evangelikale Christen in Nordamerika stellen wohl das geistliche Kapital an die erste Stelle, aber das finanzielle Kapital kommt gleich an zweiter Stelle. Sie selber drücken es nicht so aus, aber sie handeln dementsprechend, und dadurch wird sichtbar, was sie glauben.

Eltern arbeiten hart, um Geld zu verdienen, damit sie für ihre Kinder die besten Sachen kaufen können. Sie sind zu abwesenden Eltern geworden, die es zulassen, dass unterschiedliche Bildschirme (Fernsehen, Computer, iPad) ihre Kinder grossziehen. Dann wundern sie sich, warum ihre Kinder keine Jünger sind. Du kannst deine Kinder nicht bejüngern, wenn du nicht mit ihnen zusammen bist!

Manchmal werde ich nach meinen Kindern gefragt: „Deine Kinder scheinen in Ordnung zu sein. Was habt ihr gemacht?"

Was wir gemacht haben? Wir haben JEDEN Tag zusammen gefrühstückt und zu Abend gegessen.

„Und wenn bei dir schon früh am Morgen etwas los war?"

Dann sind wir alle früh aufgestanden.

„Und wenn bei dir spät noch etwas lief?"

Dann haben wir spät zu Abend gegessen. Vielleicht musste den Kindern das Abendbrot schon früher verabreicht werden, aber dann konnten wir wenigstens noch zusammen den Nachtisch essen. Wir haben zusammen gefrühstückt und zu Abend gegessen.

„Und wenn du unterwegs warst – du warst doch oft unterwegs, oder?"

Wir haben jede Woche ein Papa-Frühstück gemacht, und die Kinder durften den Ort für das Sonntagsfrühstück mit ihrem Papa aussuchen. Als sie klein waren, gingen wir immer zu McDonalds. Sie liebten McDonalds. Dort waren sie im Paradies.

Aber mit dem Älterwerden wurde auch ihr Geschmack kultivierter, und sie wollten ins Café Rouge gehen. Als Beccy älter wurde, gingen wir dorthin zum Rührei essen und Zeitung lesen. Wisst ihr, was Beccy kurz vor ihrer Hochzeit zu mir gesagt hat?

„Können wir noch ein Mal ein Papa-Frühstück machen?"

Ich bin nicht anders als alle anderen. Ich habe die Kinder aus Versehen auf den Kopf fallen lassen. Ich dachte, sie würden gleich auseinanderbrechen. Ich habe keine Ahnung, wie man eine Windel wechselt. Sie anzuziehen war eine grosse Aufgabe für mich. Man wird erst im Nachhinein besser in diesen Sachen! Aber in diesem Augenblick wusste ich, dass ich wenigstens etwas auf die Reihe gebracht hatte.

Das körperliche Kapital, das wir Menschen anbieten, ist unsere Zeit und unsere Energie. Wenn du für die Leute keine Zeit hast, kann ich dir garantieren, dass du keine Beziehung zu ihnen aufbauen wirst.

Hier noch etwas Interessantes: Du kannst Kapital investieren, um eine Rendite zu bekommen, und du kannst Kapital für einen anderen Menschen investieren. Ich möchte euch ein Beispiel erzählen. Sally und ich waren schon über zehn Jahre immer wieder nach Pawleys Island in South Carolina gekommen. Wir führten Retraiten mit Pfarrern durch und predigten häufig im Sommer in der Ortsgemeinde. Im Gegenzug bekamen wir von dieser Gemeinde ein Ferienhaus am Strand. Das war toll. Jahr für Jahr waren wir dort. Wir kreuzten auf, und im Sommer predigte ich ein paarmal. Aber ehrlich gesagt hatte ich keine Ahnung, ob es den Leuten etwas bedeutete oder nicht. Aber als wir definitiv nach Pawleys Island zogen, um 3DM aufzubauen, tauchten die Leute aus der Versenkung auf.

Die Familien, die zusammen mit Sally und mir kamen, unser Team, kannten bei ihrer Ankunft nichts und niemanden. Sie konnten aber von meinem Kapital profitieren. Sie hatten schon einen Vorsprung. Du kennst das auch, oder? Wenn du jemanden mit in eine bereits bestehende Freundschaft hineinnimmst, profitiert der oder die Neue von dem zuvor von dir investierten Beziehungskapital.

Ich möchte damit sagen: Wenn du darüber nachdenkst, missionale Leiter zu formen, musst du die Checklisten-Mentalität ablegen. Jüngerschaft darf für dich nicht nur die eine Stunde pro Woche in deinem Huddle sein, denn so machst du keine Jünger. Du brauchst diese Zeit, aber es muss noch ein Haufen anderer Sachen dazukommen.

Wenn du einen missionalen Leiter hervorbringen willst, wird es dir alles abverlangen. Es geht nicht um das, was die Gemeinde hat, sondern darum, was du hast. Dein geistliches Leben. Deine Beziehungen. Deine Zeit und Energie. Deine Fähigkeiten und Gaben. Dein Geld. All das wird nötig sein, um einen missionalen Leiter zu produzieren.

Und, wie Jesus sagte, wirst du etwas für deine Investition zurückerhalten, das in keinem Verhältnis dazu steht. So sieht die Realität einer geschickten Kapitalinvestition aus.

8
SCHAFFE EINE KULTUR GETEILTER LEITERSCHAFT

Wenn du eine Gemeinschaft aufbauen willst, in der sich Leiter entfalten können, musst du eine bestimmte Art von Kultur schaffen. Nur so funktioniert es. Das Gestalten einer Kultur muss mit der Sprache anfangen. Vielleicht hast du schon die Wendung gehört „Sprache schafft Kultur". Es stimmt. Was du sagst, wie du es sagst und das von dir dazu verwendete Medium werden eine bestimmte Art von Kultur schaffen.

Für die meisten von uns besteht das Problem darin, dass unsere Leute zwar eine Sprache verwenden, aber es geschieht zufällig. Dementsprechend begründet die Sprache nicht die von uns angestrebte Kultur. Das muss aber nicht so sein. Das Schaffen einer Kultur müssen wir bewusst und ernsthaft angehen, indem wir einer gemeinsamen Sprache und einem gemeinsamen Vokabular Raum geben, sodass die Kultur, zu deren Formung uns Gott beruft, entstehen kann.

Zum Aufbau der hier gemeinten Leiterschaftskultur brauchst du mehr als die in *Eine Jüngerschaftskultur aufbauen* eingeführte und hier in Kapital 6 behandelte Jüngerschaftssprache. Ihr braucht eine Sprache — einen besonderen Wortschatz –, die ausschliesslich von eurer Gemeinschaft geschaffen werden kann. Sie muss den Kern dessen zum Ausdruck bringen, wer ihr seid und wozu Gott euch beruft.

Der besondere Wortschatz zum Aufbau eurer Jüngerschaftskultur entsteht durch eure:

- Vision
- Werte
- Bewertung
- Gefässe

Wir wollen uns die vier Punkte genauer anschauen.

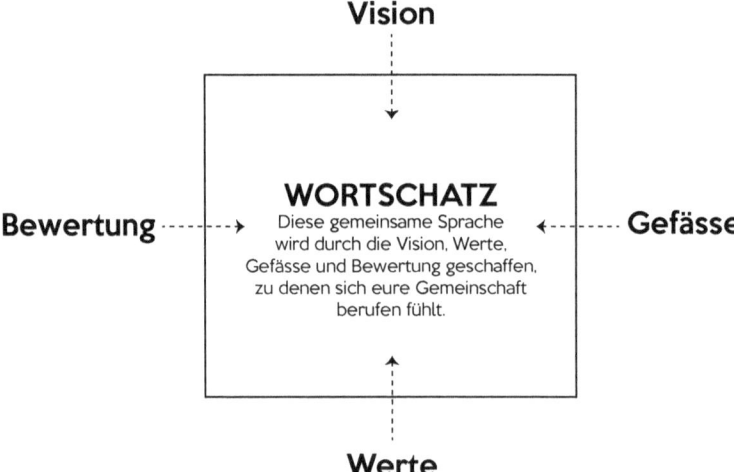

VISION

Die meisten Gemeinden haben wahrscheinlich hart an ihrem Vision-Statement gearbeitet. Denkt einmal an euer Vision-Statement. Ich möchte euch dazu folgende Frage stellen: Bringt die Vision für dein Team, deine Gemeinde oder dein Leben das Reich Gottes klar zum Ausdruck? Wenn deine Vision das Reich Gottes nicht zum Ausdruck bringt, würde ich sagen, es handelt sich eher um ein Mission-Statement.

Mission-Statements sind toll. Normalerweise wird hier formuliert, was du mit deiner Vision machen wirst. Ich bin aber der Ansicht, die Vision sollte das Reich Gottes zum Ausdruck bringen. Wir sehnen uns danach, diese Realität voll auszudrücken. Das Reich Gottes ist durch Jesus eingeführt und ausgelebt worden. Wir sehnen uns aber nach seiner Erfüllung.

Wie sieht diese Erfüllung aus? Zum Glück sehen wir das im Leben von Jesus. Sein Leben bildet das Reich Gottes auf dieser Erde ab.

Als Jesus getauft wurde, öffnete sich der Himmel. Der Heilige Geist blieb beständig auf ihm und sorgte für eine beständige Verbindung zwischen Himmel und Erde durch Jesus. Alles, was es im Himmel gibt, steht jetzt auf der Erde durch Jesus zur Verfügung. Darum geht es vor allem in den Evangelien und somit gilt:

> Im Himmel gibt es keine Sünde; in Jesus gibt es Vergebung.
>
> Im Himmel gibt es keine Krankheit; in Jesus gibt es Heilung.
>
> Im Himmel gibt es keinen Satan; in Jesus gibt es Befreiung.
>
> Im Himmel gibt es keinen Streit; in Jesus finden wir Frieden.

Jesus ist die Pforte zu der von uns herbeigesehnten Zukunft. Wenn wir zu Jesus kommen, berühren wir die Zukunft. Wenn Jesus sich ausstreckt und uns berührt, berührt die Zukunft unser Leben.

Das Reich Gottes ist gekommen. Jesus sagte: „Wenn ich die Dämonen nun aber durch Gottes Finger austreibe, dann ist doch das Reich Gottes zu euch gekommen."[41] Jesus liess keinen Zweifel daran, dass das Reich Gottes ein Kampf sein wird, denn die Reich-Gottes-Realität ist eine Kriegserklärung gegen die Besatzungsmacht des Teufels, des Fürsten der Welt. Jesus war gekommen, um diese Besatzungsmacht zu stürzen, indem er verkündete und zeigte, dass es ein mächtigeres Königreich gibt als dasjenige, das die Welt zurzeit beherrscht. Wir haben die Vision des kommenden Königreichs.

Danach streben wir. Wenn das eure Vision ist, sollte euer Vision-**Statement** so lauten. Etwas in eurem Statement sollte die Frohe Botschaft von Gottes Reich, das durch eure Gemeinschaft verkörpert wird, zum Ausdruck bringen.

In Sheffield hatten wir die Vision, eine Stadt zu Gott zurückzuholen. Die Gemeinde ist in der Stadt, um das Reich Gottes zu bringen, und wenn das Reich Gottes der Stadt durch die Gemeinde gebracht wird, dann werden wir die Menschen zu Gott zurückrufen. Es war ganz einfach.

---

[41] Lukas 11,20

Jetzt kommt der springende Punkt: Wenn eure Vision gross genug ist, könnt ihr alle mit unter dieses Dach nehmen. Schauen wir uns das im Hinblick auf die missionale Gemeinschaft an. In Sheffield erfüllt jede missionale Gemeinschaft die Vision der Gemeinde, eine Stadt zu Gott zurückzurufen, auch wenn eine Gemeinschaft unter Prostituierten tätig ist, eine andere unter wohlhabenden Leuten im Geschäftsleben und wieder eine andere unter Kindern aus Familien. Alle diese Gruppen erfüllen die grosse Vision durch ihre eigene Vision.

Wenn du jede Menge missionale Gemeinschaften erfolgreich starten willst, braucht jeder Leiter und jede Leiterin seine/ihre eigene Vision. Diese einzelnen Visionen müssen mit der grossen Vision im Einklang sein.

Schau es aus folgendem Blickwinkel an: Wenn deine Leiterschafts-Pipeline wie von mir beschrieben funktioniert, wird sie schliesslich, im Laufe der Zeit, jemanden hervorbringen, der oder die seine eigene missionale Familie leiten kann. Das wollen wir hervorbringen — einen Leiter, eine Leiterin, der oder die seine/ihre eigene Familie leiten kann.

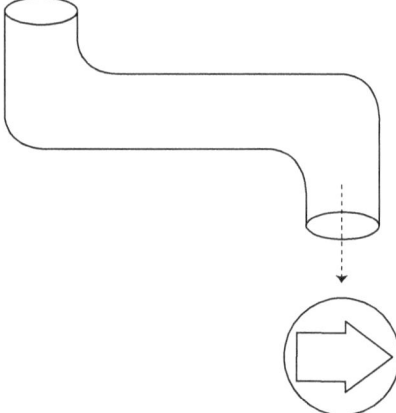

Wenn eure Vision gross genug ist, können Hunderte und Aberhunderte von Leitern zusammenwirken. Sie verfolgen dieselbe Vision, haben aber darüber hinaus auch ihre eigene Vision, zu der sie Gott berufen hat. Heute gibt es in Sheffield über 300 missionale Gemeinschaften. Und es geht jetzt erst richtig los.

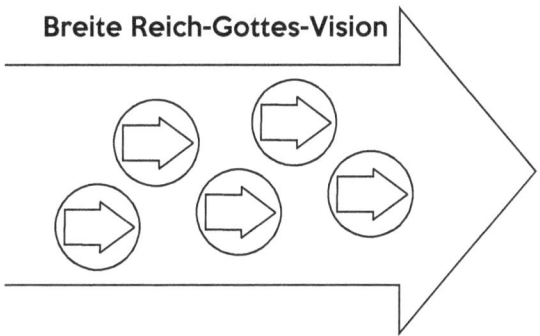

WERTE

Bei der Vision geht es um Gottes Reich, bei den Werten um Beziehungen. Die Vision ist die Berufung einer Gemeinschaft, Gott und sein kommendes Reich zu vertreten. Bei unseren Werten geht es um den Bund; es ist der Ruf zu einer Beziehung im Einssein mit Gott und untereinander.

Der folgenden Frage wollen wir uns beim Nachdenken über die Werte stellen. Wenn Gott, unser Vater, voll anwesend wäre, wie würden dann die Beziehungen in unserer Gemeinschaft aussehen?

Wir bringen jetzt keine abstrakte Aufeinanderfolge von Aussagen als Werte deiner Gemeinde. Damit verschwenden wir unter Umständen unsere Zeit, wenn die Aussagen keine reelle Grundlage haben. Die Werte sollten sich aus dem Leben der Gemeinde, die du leitest, ergeben. Ihre Grundlage muss real sein. Eure Werte sollten widerspiegeln, was schon vorhanden ist, nicht das, was du eines Tages zu verwirklichen hoffst. Gibt es Werte, die wir schon ausleben und die für diese Gemeinschaft von Menschen charakteristisch sind?

Vielleicht ist hier ein Beispiel hilfreich. Als ich Hauptleiter von St. Thomas wurde, war unsere Gemeinde am Rand Teil eines Skandals, der ziemliche Wellen geschlagen hat. Ein Gottesdienst, der früher in unserer Kirche stattgefunden, sich dann aber zu etwas Eigenständigem entwickelt hatte, hatte schlimme unmoralische Formen angenommen. Es war ein Albtraum. Da wir als einzige Gemeinde in irgendeinem Zusammenhang dazu standen, waren wir ein gefundenes Fressen für die Presse. Inmitten dieses Feuerhagels wurde ich Leiter.

---

[42] Matthäus 18,15: „Wenn dein Bruder sündigt, dann geh zu ihm und stell ihn unter vier Augen zur Rede. Hört er auf dich, so hast du deinen Bruder zurückgewonnen."

Die Rechenschaft wurde schon bald für uns zu einem Hauptwert. Deshalb haben wir in St. Thomas das Ausmass der Rechenschaft in vieler Hinsicht ausgeweitet. Dies führte schliesslich zur Einrichtung eines Jüngerschaftsgefässes, das wir jetzt Huddle nennen. Unser Wortschatz hat eine bestimmte Art von Kultur geschaffen, weil wir einen Wert und ein Gefäss hatten, um diesen Wert umzusetzen. Die Kultur von Matthäus 18,15 machten wir uns radikal zu eigen. Dort heisst es: Wenn dir jemand Unrecht getan hat, geh direkt zu dieser Person und zu niemandem anders. Rede nicht hinten herum mit deinen Freunden. Beschwere dich nicht beim Pastor. Geh. Zu. Ihnen.[42]

Die Ergebnisse waren verblüffend. In meinen 10 Jahren als Pastor einer der am schnellsten wachsenden Gemeinden Europas kam es unter den 700–800 Paaren, die wir getraut haben, nicht zu einer Scheidung. Bis heute, 17 Jahre später, hat es nur zwei Scheidungen gegeben. Klingt das nicht nach einer Bundesgemeinschaft? So etwas kann passieren, wenn ein Wert in einer Gemeinschaft wirklich trainiert wird und ihr über ein Gefäss verfügt, in dem dieses Training aktiv erfolgen kann.

Diese Zahlen sind es wert, erfasst zu werden, stimmt's?

Wenn wir gerade vom Zählen reden …

BEWERTUNG

Beim Bewerten kommt ein Grundsatz zum Tragen: Du zählst Dinge, denen du Wert beimisst, und du misst dem Wert bei, was du zählst. Das heisst bewerten — die richtigen Sachen zählen. Das eigentliche Problem liegt darin, dass die meisten von uns nicht die Sachen zählen, die Jesus zählt. Viel zu lange haben die meisten Gemeinden die drei Gs gezählt — Gottesdienstbesucher, Gebäude und Geld. Kernpunkt ist, dass es nicht dem entspricht, was Jesus gezählt hat.

Jesus zählte Jünger. Nicht Leute, die nur aufgetaucht sind. Nicht Leute, die nett waren. Nicht Leute, die ihm ein paar Dollar zugeworfen haben. Er zählte Jünger.

Denke daran: Jünger ist jemand, der den Charakter von Jesus und die Kompetenz von Jesus hat. Es geht um Treue und Frucht. Problematisch ist natürlich, wie man das misst. Wir sollten Sachen messen. Wir sollten das Leben unserer Gemeinschaft evaluieren. Aber wir müssen sicherstellen, dass wir das Richtige zählen.

Wenn wir über Treue und Frucht reden, reden wir im Grunde genommen über **Qualität** und **Quantität**.

Treue kann man nicht wirklich messen, oder? Dabei geht es um eine qualitative Angelegenheit. Wenn man Treue nicht zahlenmässig erfassen kann, braucht man ein anderes Messkriterium. Gleicht das Leben der Leute in deiner Gemeinschaft mehr und mehr dem Charakter von Jesus? Können die Leute Gottes Stimme hören und darauf reagieren? Sagen sie die Wahrheit? Tun sie das Richtige, wenn niemand zuschaut? Machen sie mutige Glaubensschritte? Gewinnen Sie an Reife?

Das lässt sich nicht wirklich quantitativ erfassen. Dennoch spielt es eine wichtige Rolle festzulegen, wie deine Gemeinschaft das geistliche Leben der Leute in deiner Gemeinschaft bewertet.

Demgegenüber gilt: Frucht kann man messen. Man kann sie zählen. Man kann zählen, wie viele Äpfel ein Baum hervorbringt. Die eigentliche Frage ist, was man als Frucht bezeichnet. Welche Dinge, von denen du aufrichtig glaubst, dass Jesus sie zählen würde, zählt deine Gemeinschaft als Früchte?

Ich helfe euch auf die Sprünge: Die Zahl der Teilnehmer sagt zwar etwas über deine Gemeinde aus, aber ich bin nicht sicher, ob sie jemals eine Aussage darüber macht, wonach wir suchen. Frucht für das Reich Gottes ist immer ein Ergebnis der Treue. Zu gewissen Zeiten haben wir den Eindruck, dass Gott die Gemeinschaft dazu beruft, etwas Bestimmtes zu machen, und wir verlieren daraufhin Leute; die Teilnehmerzahlen sinken. Aber wir waren treu. Durch blosses Zählen der Gemeindebesucher würden wir verpassen, das zu zählen, was für Gott am meisten Bedeutung hat.

Solltet ihr das Geld zählen? Klar. Eine Gemeinde muss Rechnungen bezahlen. Wirst du aber deinen Erfolg oder Misserfolg aufgrund dessen einschätzen? Wie viel redet ihr über Geld? Wie oft findet es Eingang in eure Sprache?

Durch das, was ihr zählt und wie ihr es kommuniziert, werden die Leute wissen, was euch am Herzen liegt. Was zählt die Gemeinschaft, damit die missionalen Leiter wissen, welches Ziel sie wirklich vor Augen haben?

GEFÄSSE

Durch welche Gefässe werdet ihr mit Hilfe des Wortschatzes, über die sich eure Gemeinschaft geeinigt hat, eure Vision, eure Werte und eure Bewertung umsetzen?

In den 60er-Jahren gab es ein Kommunikationsgenie namens Marshall McLuhan, den nur sehr wenige Leute kannten. Er ist mittlerweile verstorben, gilt aber jetzt als einer der am meisten geschätzten Denker des 20. Jahrhunderts. Hier sein bekanntester Grundsatz: *Das Medium ist die Botschaft*. Mit anderen Worten formt das von dir zur Vermittlung der Botschaft verwendete Gefäss *die Botschaft selbst*.

Wir wollen diese Einsicht mit Hilfe eines extremen Beispiels beleuchten. Nehmen wir an, du bist schon eine Weile mit jemandem gegangen und beschliesst, um seine oder ihre Hand anzuhalten. Du weisst, dass du den Rest deines Lebens mit diesem Menschen verbringen, mit ihm oder ihr eine Familie gründen und missionarisch aktiv sein willst. Das ist der Mensch für dich. Wir reden hier über eine verbindliche Entscheidung und wollen ernsthafte Gefühle zum Ausdruck bringen.

Jetzt stell dir vor, du versuchst, per SMS deine Gefühle auszudrücken und den Heiratsantrag zu machen.

Du könntest irgendwie *genau dasselbe* sagen, als wenn du dem oder der Betreffenden am Tisch gegenübersitzen würdest, und doch würde die Botschaft durch das gewählte Übertragungsgefäss etwas verlieren.

Das müssen wir in Betracht ziehen, wenn wir einen gemeinsam abgestimmten Wortschatz verwenden, um unsere Vision, unsere Werte und unsere Bewertung in Worte zu kleiden. Haben wir Gefässe, die das, was wir zum Ausdruck bringen, lebendig werden lassen? Wenn nicht, kann ich euch garantieren, dass die Botschaft nicht so ankommt, wie ihr es euch erhofft. Könnt ihr euch vorstellen, ich hätte gesagt, Rechenschaft sei ein Wert für St. Thomas und es hätte kein Gefäss für die Umsetzung dieser Rechenschaft gegeben?

Denkt über eure Vision, eure Werte und eure Bewertung nach. Denkt darüber nach, wozu der Herr euch konkret beruft. Denkt jetzt an die Formen von Gemeinschaftsleben, durch die eure Gemeinschaft sich ausdrückt. Im Folgenden findet ihr einige Gefässe, die wir in Gemeinden, zu denen ich gehört habe, eingesetzt haben. (Einige werden euch mittlerweile nicht ganz unbekannt vorkommen.)

- **Gottesdienst.** Hier kommt der ganze Leib (mindestens 75 Leute) zusammen, betet Gott an, feiert das Abendmahl, unterstellt sich dem gelehrten Wort, hört Geschichten vom Sieg, wird Teil einer grösseren Geschichte, und hier wird auch die breite Vision vermittelt.
- **Huddles.** Ein Gefäss für Jüngerschaft und Schulung für 4–10 jetzige oder zukünftige missionale Leiter, in dem sie sich den Charakter und die Kompetenz von Jesus zu eigen machen. Auf diese Weise kann die Gemeinde nach dem Grundsatz niedriger Kontrolle bei hoher Verbindlichkeit funktionieren.
- **Missionale Gemeinschaften.** Eine missionarisch aktive Gruppe mit 20–50 Leuten, die dazu berufen sind, einem bestimmten Netzwerk von Leuten oder einem Quartier zu dienen und in diesem Umfeld die Frohe Botschaft von Jesus lebendig werden zu lassen. Oft gibt es neben der grösseren Gemeinschaft auch kleine Gruppen.
- **Kleingruppen.** 6–12 Leute können hier Gemeinschaft pflegen, mit starker Betonung auf Zusammenleben und geistlichem Austausch. In der Regel gehört die jeweilige Kleingruppe zu mehreren solcher Gruppen innerhalb der missionalen Gemeinschaft. Dadurch wird die Kleingruppenerfahrung viel wirksamer.
- **Lerngemeinschaft.** Dieses Schulungs- und Reflexionsgefäss für Leiter von missionalen Gemeinschaften findet alle sechs bis neun Monate statt. Hier kommen die missionalen Leiter zusammen und reflektieren den Standort ihrer Gruppen. Im Hören auf Gott wird ihre Vision erneuert, und sie schmieden zusammen mit anderen MG-Leitern Zukunftspläne. Die erfolgreichsten Lerngemeinschaften für missionale Leiter setzen sich vielfach aus mehreren Gemeinden in derselben Gegend zusammen.

Die folgende Darstellung zeigt, wie in vielen Gemeinden, mit denen wir zusammenarbeiten, diese Gefässe soziologisch betrachtet zusammenwirken. Der spezielle Blickwinkel sind hier die vier unterschiedlichen Lebensräume, in denen wir uns bewegen.[43]

---

[43] Soziologisches Verständnis von „Räumen"; der Studie zum Thema Proxemik von E.T. Hall aus den 60er-Jahren entnommen. Mehr dazu in meinem Buch *Launching Missional Communities: A Field Guide*

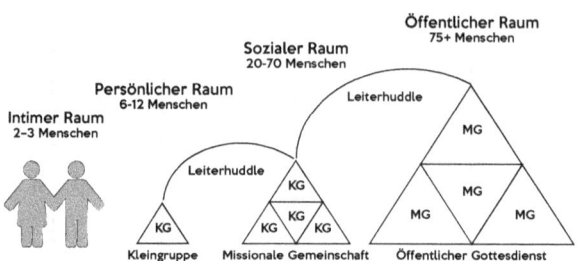

HIER FINDEN MENSCHEN IDENTITÄT

Wir dürfen nicht annehmen, wir hätten schon sämtliche Gefässe für Mission oder Jüngerschaft entdeckt. Gott wirkt beständig Neues an unterschiedlichen Orten, und wir können daraus lernen. Vor Kurzem ist eine von uns von St. Thomas nach Südafrika ausgesandte Missionarin auf ein neues Gefäss, die sogenannten *Entdeckungsgruppen*, gestossen. Diese Gruppen wurden in Asien ins Leben gerufen. Jenny ist unter den Ärmsten der Armen tätig, nicht einmal in den Townships, sondern in den eigentlichen Ghettos hinter den Townships. In diesen Ghettos leben Gruppen wurzelloser Menschen.

Bei den Entdeckungsgruppen hält man einfach Ausschau nach Menschen des Friedens (von Gott schon vorbereitete Leute, die dir und der von Gott auf dein Herz gelegten Botschaft gegenüber offen sind). Dann stellt man ihnen die schlichte Frage: „Möchtest du mehr über Gott herausfinden?"

Antwortet der/die Betreffende mit Ja, sagt Jenny: „Ehrlich? SUPER. Ich zeige dir, wie das geht. Ich werde nicht lehren oder predigen. Du kannst das mit deiner Gruppe machen. Ich komme zu dir nach Hause."

Sie treffen sich in diesem Haushalt, lesen einen Bibelabschnitt zusammen und fragen sich, was dieser Abschnitt bedeutet. Dann fragen sie: „Was mache ich jetzt damit?" Jenny erlebt bei diesen Menschen ein unglaubliches Ausmass an Lebensveränderung und Reich-Gottes-Durchbrüchen!

DER KARREN UND DAS PFERD

Hier ist der Schlüssel für jedes von euch eingesetzte Gefäss: Sie dürfen nicht schwerfällig sein und nicht zu viel Aufwand mit sich bringen. Da die meisten dieser Gefässe von missionalen Leitern geführt werden, die dafür keine finanzielle Entschädigung bekommen und Vollzeitjobs und Familien haben, müssen sie von der Durchführung und Betreuung her relativ einfach sein und so leicht gehalten, dass man sich schnell bewegen kann.

Stelle dir bei der Bewertung der von euch momentan eingesetzten Gefässe zwei Fragen:

1. Welcher Prozentsatz eures Jahresbudgets wird für dieses bestimmte Gefäss aufgewendet (zum Beispiel für Unterhalt, Mitarbeiter, Räumlichkeiten und andere Faktoren)?
2. Welcher Prozentsatz der Mitarbeiterzeit wird für dieses Gefäss eingesetzt?

Diese Fragen werden dir Aufschluss darüber geben, welchen Dingen du Wert beimisst, wie du deine Vision umsetzen möchtest und welche Gefässe für dich am wichtigsten sind. Die Chancen stehen hoch, dass euer Gottesdienst den höchsten Stellenwert hat. Wahrscheinlich widmet ihr diesem Gefäss die meiste Zeit und das meiste Geld. Ausserdem erwartet ihr, dass innerhalb dieses Gefässes am meisten passiert. (Das ist vermutlich der Fall – ob ihr das zugeben wollt oder nicht.)

Ich gehöre nicht zu den Leuten, die finden, dass Gottesdienste nicht wichtig sind. Ich finde, Gottesdienste sind unglaublich wichtig. Aber der Gottesdienst eignet sich für bestimmte Sachen nicht, wohingegen er für andere Sachen das geeignete Gefäss ist.

Nach meiner Einschätzung werden zwischen 60 und 90 Prozent der Zeit und des Finanzhaushalts eurer Gemeinde auf unterschiedliche Art und Weise für die Aktivitäten am Sonntagmorgen eingesetzt. Das ist in den meisten Gemeinden der Fall. Wenn du eine Menge missionaler Leiter für die Missionsfront freisetzen willst, musst du hier ein Fragezeichen setzen.

Um es deutlich zu sagen: Ich schlage euch nicht vor, alles über Nacht zu ändern. Ich bin immer eher für *Evolution* als für *Revolution*. Revolutionen sind blutig und kostenintensiv, und für gewöhnlich sind am Schluss alle tot.

Wie solltet ihr vorgehen? Stellt euch eure Gemeinde als Karren und Pferd vor. Einige Sachen in eurer Gemeinde erfordern einen höheren Betreuungs- und Organisationsaufwand. Bis zu einem gewissen Punkt ist das in Ordnung. Das Pferd, das den Karren zieht, sind jedoch eure missionalen Leiter. Sie werden die Gemeinde ins missionale Grenzgebiet führen und den Karren mit sich nehmen.

Problematisch wird es, wenn unsere Karren zu schwer und überladen sind, zu wenig flexibel und aufwendig im Unterhalt. Ist das der Fall, wird schlussendlich der Karren das Pferd ziehen und nicht umgekehrt. Sicher würde das nicht einer gewissen Komik entbehren — aber du wirst kaum eine solche Situation in Ordnung bringen wollen.

Falls das auf euch zutrifft, solltet ihr folgendermassen vorgehen: Füttert das Pferd und sorgt langsam dafür, dass der Karren leichter und weniger aufwendig im Unterhalt wird. Hier liegt der Schlüssel.

Ich möchte euch ein Beispiel geben: Wenn du regelmässig lehrst oder predigst und pro Woche 30 Stunden für die Predigtvorbereitung aufwendest, lege dir selbst die Disziplin auf, das in 20 Stunden zu machen. Wie könntest du die zusätzlichen zehn Stunden in der betreffenden Woche als Investition in das Leben eurer missionalen Leiter einsetzen? Und wenn man die Zeit für unsere überaus kreativen Sitzungen um 25 Prozent beschneiden würde? Und wenn das Geld für den Sonntagmorgen um einen bestimmten Prozentsatz reduziert und für andere Zwecke eingesetzt würde? Das sind nur einige wenige Beispiele. Ihr könnt noch eine Menge anderer Sachen unternehmen, um den Karren leichter zu machen.

Was manchmal auch gut funktioniert, wie unsere Erfahrung zeigt, ist *bewusste Vernachlässigung*. Viele Leiter dort draussen tendieren eher zur Revolution, und statt diesen Prozess geduldig anzugehen, bearbeiten sie den Wagen mit einem Vorschlaghammer, anstatt das eigentlich benötigte Skalpell zur Hilfe zu nehmen. Mit einem Rundumschlag machen sie allen Programmen, Veranstaltungen und Gefässen, die sie als zu schwerfällig und im Unterhalt zu aufwendig einstufen, den Garaus. Geht bitte nicht so vor! Wir haben festgestellt, dass es mit bewusster Vernachlässigung viel besser läuft. Das geht ziemlich einfach: Anstatt einer Sache den Todesstoss zu versetzen, könnt ihr einfach die Versorgung abklemmen.

Warum? Ihr solltet dort Ressourcen einsetzen, wo es zu Reich-Gottes-Durchbrüchen kommt. Anderweitig eingesetzte Zeitressourcen mindern den Durchbruch. Das scheint unseren Bauchgefühlen zu widersprechen, aber es stimmt. Man wendet nicht dort mehr Mittel auf, wo man am Verlieren ist; die Mittel gehen dorthin, wo man am Gewinnen ist. Genau da investiert man Geld und Energie und Zeit und alles andere.

Wie würde das bei einem Krieg aussehen? Man muss nicht jede Schlacht gewinnen, um aus dem Krieg als Sieger hervorzugehen. Tatsächlich braucht man meistens nur einen offensiven Durchbruch, bei dem man feindliche Stellungen überwindet und plötzlich in das Zentrum des feindlichen Gebiets vorstösst. Genau das machten die alliierten Streitkräfte an der Küste der Normandie. Sämtliche Ressourcen wurden für diese eine Schlacht eingesetzt, und so konnten sie den Sieg erringen. Sie wussten: Wenn sie dort den Sieg davontragen würden, dann hätten sie einen Brückenkopf, der sie auf direktem Weg nach Berlin bringen würde.

Gebt also nicht Programmen oder Veranstaltungen den Todesstoss und kämpft keine Schlachten, wenn es nicht sein muss. Stoppt einfach die Versorgung. Setzt die Ressourcen dort ein, wo ihr Durchbruch am Horizont seht.

Und schliesslich: Wenn du ernsthaft darüber nachdenkst, dich in die Multiplikation missionaler Leiter zu investieren, dann musst du Sachen, die du zurzeit machst, aufgeben. In seinem Buch *Good to Great* hat Jim Collins so wunderbar aufgezeigt, dass Organisationen, die stetig von gut nach grossartig unterwegs waren, beim Starten und Stoppen Disziplin zeigten. Wenn sie etwas Neues anfingen, haben sie immer mindestens genauso viel aufgehört wie gestartet. Dadurch erreichten diese Organisationen einen Wendepunkt, weil der Grossteil ihrer Ressourcen für Durchbrüche aufgewendet wurde.

Du hast eine begrenzte Menge Zeit. Energie. Ressourcen. Vorsicht! Immer dann, wenn du etwas Neues anfängst, beziehst du etwas von diesem begrenzten Pool.

Womit wirst du aufhören?

Hier noch mal eine kurze Zusammenfassung:
- Füttere das Pferd. Sorge nach und nach dafür, dass der Wagen leichter und im Unterhalt weniger aufwendig wird.
- Versorge die Orte, an denen Durchbruch geschieht, indem du bewusste Vernachlässigung praktizierst.
- Immer, wenn du etwas anfängst, höre mit etwas auf.

Wenn du das in der Gemeinschaft, die du leitest, machst, schaffst du den für die Multiplikation missionaler Leiter erforderlichen Raum und die entsprechende Disziplin. Es lässt sich beobachten: Wenn Leiter gut geschult und freigesetzt werden, wenn man ihnen für ihr Wirken mehr als einen 3 x 3 m grossen Spielplatz zur Verfügung stellt, klappt es bei allen mit dem Zusammenspiel ausserordentlich gut. Sie konkurrieren nicht mehr untereinander, sondern treten in den Konkurrenzkampf gegen unseren gemeinsamen Feind.

Darin liegt die Kraft einer missionalen Bewegung.

Aller Wahrscheinlichkeit nach beruft Gott dich, eine solche Bewegung zu starten.

9
ERNEUERUNG, AUSSENSKELETTE UND BRACHLIEGENDES LAND

Wir haben uns in diesem Buch damit befasst, wie man missionale Leiter multipliziert. Indem wir den Schwerpunkt auf Charakter und Kompetenz legen (vor allem Kompetenz in allen Bereichen des fünffältigen Dienstes). Indem wir die richtigen Leute zum Rekrutieren in die Leiterschafts-Pipeline finden und dann jeden Einzelnen von ihnen mit Hilfe des Leiterschafts-Motors in seiner Entwicklung voranbringen. Indem wir für die Vision in unseren Gemeinschaften einen bestimmten Wortschatz entwickeln. So können wir missionale Leiter entwickeln, die selbst missionale Leiter entwickeln können.

Das ist eine wunderbare Berufung. Um sie zu erfüllen, müssen wir unser Leben und das Leben der anderen reformieren und neu ausrichten. Schauen wir mal im Buch Hesekiel, wie man das machen kann.

> [1]Die Hand des Herrn kam über mich, und der Herr führte mich im Geist hinaus und liess mich nieder mitten auf der Ebene, und diese war voller Totengebeine. [2]Und er führte mich ringsherum an ihnen vorüber; und siehe, es waren sehr viele auf der Ebene; und siehe, sie waren sehr dürr. [3]Da sprach er zu mir: „Menschensohn, können diese Gebeine wieder lebendig werden?" Ich antwortete: „O Herr, Herr, du weisst es." [4]Da sprach er zu mir: „Weissage über diese Gebeine und sprich zu ihnen: Ihr verdorrten Gebeine, hört das Wort des Herrn! [5]So spricht Gott, der Herr, zu diesen Gebeinen: Seht, ich will Odem in euch kommen lassen, dass ihr lebendig werdet! [6]Ich will euch Sehnen geben und Fleisch über euch wachsen lassen und euch mit Haut überziehen und Odem in euch geben, dass ihr lebendig werdet; und ihr werdet erkennen, dass ich der Herr bin!"
>
> [7]Da weissagte ich, wie mir befohlen war, und als ich weissagte, entstand ein Geräusch, und siehe, eine Erschütterung, und die Gebeine rückten

zusammen, ein Knochen zum anderen. ⁸Und ich schaute, und siehe, sie bekamen Sehnen, und es wuchs Fleisch an ihnen; und es zog sich Haut darüber; aber es war noch kein Odem in ihnen. ⁹Da sprach er zu mir: „Richte eine Weissagung an den Odem; weissage, Menschensohn, und sprich zum Odem: So spricht Gott, der Herr: Odem, komme von den vier Windrichtungen und hauche diese Getöteten an, dass sie lebendig werden!" ¹⁰So weissagte ich, wie er mir befohlen hatte. Da kam der Odem in sie, und sie wurden lebendig und stellten sich auf ihre Füsse — ein sehr, sehr grosses Heer.

¹¹Und er sprach zu mir: Menschensohn, diese Gebeine sind das ganze Haus Israel. Siehe, sie sprechen: ‚Unsere Gebeine sind verdorrt, und unsere Hoffnung ist verloren; es ist aus mit uns!' ¹²Darum weissage und sprich zu ihnen: So spricht Gott, der Herr: Siehe, ich will eure Gräber öffnen und euch, mein Volk, aus euren Gräbern heraufbringen, und ich will euch wieder in das Land Israel bringen; ¹³und ihr sollt erkennen, dass ich der Herr bin, wenn ich eure Gräber öffne und euch, mein Volk, aus euren Gräbern heraufbringen werde. ¹⁴Und ich werde meinen Geist in euch legen, und ihr sollt leben; und ich werde euch wieder in euer Land bringen; und ihr werdet erkennen, dass ich der Herr bin. Ich habe es gesagt und werde es auch tun! Spricht der Herr."[44]

ERNEUERN

Diese vom Heiligen Geist an Hesekiel gerichtete Prophezeiung lässt sich direkt auf unsere Realität bei der Leitung unserer Mitchristen anwenden. Als Leiter im Volk Gottes sind wir zur Partnerschaft mit Gott und bei seinen Vorhaben berufen. Er möchte seinen Kindern Leben schenken, um sie zu erneuern. Er möchte sie untereinander verbinden und ihr Leben neu gestalten. So gewinnen sie Zusammenhalt und Verbundenheit untereinander und können sich gemeinsam erheben. Durch seinen erneuernden Geist und sein umgestaltendes Wirken möchte Gott seinem Volk eine neue Ausrichtung geben, damit er sie für seine Absichten brauchen kann. Die Bibel beschreibt das als Bildung einer Armee — ein grossartiges Bild für diejenigen von uns, die sich auf missionarisches Grenzland zu bewegen.

[44] Hesekiel 37

Bei meinen Kontakten mit Pastoren auf der ganzen Welt finde ich es interessant, wie viele von ihnen sich in ihren Gemeinschaften Erneuerung durch Gottes Geist wünschen. Ich höre vielfach den Wunsch nach mehr geisterfüllter Anbetung, leidenschaftlichem Gebet und mehr von Gottes Kraft. Vielleicht hast du ähnliche Wünsche für deine Gemeinde und möchtest wie Hesekiel erleben, wie Gottes Geist in die Körper und Knochen deiner Gemeinde hineingeatmet wird.

Einige glauben vielleicht, dass die Erneuerung, Umgestaltung und Neuausrichtung einer Gemeinde einfach zufällig passiert, gleichsam von Zauberhand. Möglicherweise vertritt jemand diese Überzeugung mit der Begründung, der Geist wirke, wie es ihm gefällt.

Das stimmt im Grossen und Ganzen, denn Gott kann tun, was er will, wo er will, wann er will. Aber wenn wir ihn suchen, wenn wir offen und verfügbar sind, bekommt Gott Raum, unter uns zu wirken.

Wie machen wir das? Glücklicherweise scheint es einige klare, logische Gründe für ein Ausgiessen des Heiligen Geistes zu geben, und es gibt Talente, Fähigkeiten und Gaben, die wir uns aneignen können. Gott ist ein Gott der Ordnung, und er möchte seinen Geist über sein Volk ausgiessen.

Wir müssen uns von der Vorstellung lösen, dass eine Erneuerung nur Schall und Rauch ist und wir nicht tun können, was Gemeinden machen, die eine Erweckung erleben.

Gott hat ganz klar die Kontrolle, und wir können den Wind seines Geistes nicht manipulieren, aber wir können sicher bereit sein und die Segel hissen, stimmt's?

Als Erstes haben wir den Wunsch nach Wachstum. Am besten suchen wir uns Leiter, die uns auf diesem Weg voraus sind, verbringen Zeit mit ihnen und ihren Gemeinden, beobachten sie, nehmen sie zum Vorbild und stellen Fragen. Dann können wir nachahmen und das Gelernte in die Praxis umsetzen, bevor wir uns Gedanken um Innovationen machen.

In Sheffield hatte ich einmal den Eindruck, der Herr wolle uns in eine intensive Zeit des Betens führen. Mir war aber bewusst, dass ich nicht die idealen Voraussetzungen mitbrachte, um eine Gemeinschaft dahin gehend zu führen.

Ich hörte jedoch von einem afrikanischen Pastor, dem das auf ganz tolle Art und Weise gelang. Ich begab mich also eine Zeit lang dorthin, sass ihm zu Füssen und saugte alles förmlich in mich auf. Ich schaute zu, passte genau auf, ahmte nach und machte alles erdenklich Mögliche. Er war ein Mann Gottes, und ich wusste, dass ich von ihm lernen konnte. Bei meiner Rückkehr nach Sheffield begleitete mich das Gelernte, auch wenn wir in unserem eigenen Kontext einiges an Innovation brauchten. Wir sollten immer bereit sein, von Leuten dazu zu lernen, die uns auf dem Weg voraus sind.

UMGESTALTEN

In dem Abschnitt aus Hesekiel sehen wir, wie die Knochen Teil des Körpers werden, indem sie sich durch Sehnen und Bänder angliedern. Dieses Angliedern beginnt mit der Entstehung von Bindegewebe. Wie in diesem Buch aufgezeigt, dienen die Huddles als Gefässe und somit gleichsam als Bindegewebe, durch das Menschen bewusst zusammengeführt werden. Vielfach wirkt Gott den Umgestaltungsprozess durch absichtlich hergestellte Jüngerschaftsbeziehungen innerhalb einer Gemeinde. Das entspricht dem Vorbild Jesu und seinem Auftrag an uns, hinauszugehen und Jünger zu machen.

Wenn ihr anfangt, missionale Leiter gezielt zu bejüngern, werdet ihr immer wieder feststellen, dass innerhalb dieser kleinen Gruppe in eurer Gemeinde etwas in Gang gesetzt wird. Es fühlt sich an, als wenn der Leib sich nach den Grundsätzen und Prioritäten von Jesus ausrichtet. Das ist so, weil sich dein Huddle auf Jesu oberste Priorität, das Jüngermachen, eingelassen hat. Dann werden überraschend und unerwartet unmögliche Aufgaben möglich, während sich die Huddles durch Gottes Geist multiplizieren. Die Kommunikation wird einfacher, das Reproduzieren geschieht von selbst, Leiter werden gefunden und rekrutiert, Leute finden ihren Auftrag, und neues Leben entsteht.

Ich möchte euch an einem Beispiel zeigen, wie das Ausrichten des Leibes mit Hilfe des Huddle-Bindegewebes aussehen kann. Am 11. September 2001, dem Tag, an dem die Twin Towers in den USA einstürzten, lebte ich in England. Dieses tragische Ereignis trug sich zu unserer Tagesmitte zu. Ich kam mit dem Bischof vom Mittagessen zurück, und wir sahen im Fernsehen die Szenen, die sich uns bis heute ins Gedächtnis eingegraben haben. Nachdem wir nur wenige Momente zugeschaut hatten, war mir klar, dass wir die Leiter in unserer Gemeinde zum Gebet zusammenrufen sollten. Ich rief die Leute aus meinem

Huddle an: „Wir wollen uns in einer halben Stunde in der Gemeinde treffen, um für diese schrecklichen Angriffe zu beten. Ruft die Leute aus eurem Huddle an, sie sollen ihre Leute übers Telefon zusammentrommeln, und dann treffen wir uns." Dann trank ich, um meine Nerven zu beruhigen, eine Tasse Tee. Das machen alle guten Engländer, wenn etwas aus dem Ruder zu laufen scheint. Ich ging aus dem Haus und lief um den Block zur Gemeinde. Ich sah mit Erstaunen, dass dort schon 300 Leiter aufs Gebet warteten.

Für die meisten Gemeinden wäre es nahezu unmöglich, so etwas auf die Reihe zu bekommen. Die meisten müssten dafür ungefähr 250 Anrufe tätigen, und auch dann würden wahrscheinlich — im besten Fall — ein paar Lücken zwischen den Teilnehmern klaffen. Ich tätigte hingegen sechs oder sieben Anrufe, und innerhalb von 30 Minuten waren 300 Leiter zur Stelle. Wie ihr seht, war das Bindegewebe in dieser Situation vorhanden. Die Sehnen der Jüngerschaftsbeziehungen zogen den Körper zusammen und richteten ihn aus.

Bleiben wir einmal bei dieser Metapher. Ich würde die Gemeindeleitung als Skelett des Leibes Christi bezeichnen. Ich verwende diesen Ausdruck, weil das Skelett als Infrastruktur für den gesamten Gemeindeleib dient. Die Jüngerschaftsbeziehungen sind das Bindegewebe, und durch diese Beziehungen richten die Gemeindeleiter den ganzen Leib beim gemeinsamen Wirken aus.

INNENSKELETTE VERSUS AUSSENSKELETTE VERSUS BLOBS

Die Anatomie kennt zwei Arten von Skeletten. Innenskelette gibt es bei den Menschen, und zwar im Körperinneren. Aussenskelette gibt es bei Heuschrecken und Krustentieren aussen am Körper. Im Hesekiel-Abschnitt ist von einem Innenskelett die Rede. Die meisten Gemeinden funktionieren jedoch nicht als Innenskelett, sondern als Aussenskelett.

Damit meine ich Folgendes:

Die Leiter in einer Gemeinde bilden das Skelett, durch das der gesamte Leib aufstehen und die Sachen machen kann, die er machen sollte. Es ist aber ziemlich abträglich, wenn das Leiterschaftsskelett von anderen Leuten an der Gemeinde als Erstes wahrgenommen wird. Das ist jedoch nur allzu häufig der Fall. Warum? Eine Gemeinde, in der starke Kontrolle vorherrscht, hat die Angst vor unverbindlichem Verhalten im Leib in extremer Form umgesetzt: Die Leiter meinen alles kontrollieren zu müssen. Aus diesem Grund nehmen neue Leute die Leiter bei allem und zu jeder Zeit als Vertreter des Leibes wahr. Die Leiter begrüssen dich am Eingang, unterrichten die Gruppen, bekleiden alle wichtigen Funktionen im Gottesdienst, führen dich zum Ausgang und setzen für den Leib auch in jeglicher anderer Hinsicht die Norm. Da jedoch der Leiter kein normales Gemeindemitglied ist, bekommt jemand, der zuerst einem Leiter begegnet, das Gefühl, es sei extrem schwierig, in diese Gemeinde hineinzukommen.

Der Grund dafür liegt darin, dass der oder die Betreffende einem Gehäuse begegnet, einem Aussenskelett. Wenn Leiter eine Umgebung schaffen, in der stark kontrolliert wird, und im Grunde genommen sämtliche Bereiche der Gemeinde managen, entsteht unbemerkt für den Neubesucher eine hohe Verbindlichkeits- und Erwartungsschwelle. Diese Schwelle ist im Allgemeinen zu hoch. Demzufolge bewegt sich der Besucher weiterhin als Gast in verschiedenen Gemeinden oder gibt ganz auf. Würde derselbe Neuling hingegen normalen Christen mit Weichteilgewebe begegnen, die Teil der Gemeinschaft sind, würde er sich ganz anders fühlen. Er oder sie hätte das Gefühl: „Wow, diese Leute sind ja genau wie ich! Ich glaube, da könnte ich reinpassen." Zugehörigkeit nimmt ihren Anfang.

Um wirklich effizient zu sein, muss eine Gemeindeleitung als Innenskelett (oder anders ausgedrückt als Infrastruktur) funktionieren, nicht als Aussenskelett (oder Überbau). Lasst es mich erklären: Wenn wir jemandem auf der Strasse begegnen, sagen wir kaum: „Wow, schönes Skelett". Wenn du von jemandem das Skelett siehst, leidet er entweder an Unterernährung oder ist nicht mehr am Leben. Wir sehen vielmehr das Weichteilgewebe, von dem das Skelett umgeben ist. Bei ihrer Begegnung mit der Gemeinde sollten die Leute dem Weichteilgewebe der Gemeinschaft begegnen.

Was ist dieses Weichteilgewebe?

Echte Menschen, die das Leben miteinander angehen.

Ein Gefühl von Zugehörigkeit.

Eine Familie.

Natürlich wollen wir damit nicht sagen, dass Leiterschaft in der Gemeinde nicht wichtig ist. Ein Leitungs-Innenskelett innerhalb des Weichteilgewebes lässt den Körper belebt, dynamisch und mobil werden. Ohne Leitung ist kein Skelett vorhanden, und du hast schlussendlich keinen Leib Christi, sondern eine unförmige Masse Christi.

Unförmige Massen entsprechen offensichtlich nicht Gottes Absicht. Unförmige Massen können sich nicht von allein bewegen, können keine Infrastruktur schaffen und können sich nicht so ohne Weiteres einer gemeinsamen Vision anschliessen. Stellt euch die Qualle vor und denkt daran, wie jede ihrer Bewegungen gemächlich erfolgt und von den Strömungen diktiert wird.

Nur allzu häufig funktionieren Gemeinden als unförmige Massen. Ein Hauptleiter oder ein leitender Mitarbeiter übt die Kontrollfunktion aus. Immer wieder versuchen sie, der Gemeinschaft Anstösse in eine bestimmte Richtung zu geben und sind sogar manchmal auf der Suche nach irgendwelchen Lebenszeichen. Manche Bewegungen können durch leidenschaftliche Predigten ausgelöst werden, aber sobald keine Anstösse mehr geliefert werden, nimmt die Masse sehr schnell wieder ihre Ursprungsform an. Dementsprechend bewegt sich die Gemeinde von einer neuen Gemeindestrategie zur nächsten und bemüht sich, die Masse in Bewegung zu bringen.

Diese ergebnislosen Anstrengungen lösen in der Regel zunehmende Frustration aus, und in der Folge kontrollieren die Leiter noch mehr. Schlussendlich tritt das genaue Gegenteil der von den Hauptleitern beabsichtigten Entwicklung ein: beständig zunehmende Distanz sowie abnehmende Einflussnahme und Beziehungstiefe zwischen ihnen und den Gemeindemitgliedern (oder der unförmigen Masse).

Anstelle von Aussenskeletten oder unförmigen Massen brauchen unsere Gemeinden Innenskelette. Das Innenskelett treibt die Bewegung an. Es ist die entscheidende, aber unsichtbare Komponente. Es gibt Struktur, sorgt für bewusste Ausrichtung, Wendigkeit und Leben. Eine Qualle ist den Wellen ausgeliefert, während sich ein Fisch dorthin bewegt, wo er hin will. Das Skelett macht den Unterschied aus.

SICH DEM FLUSS ANSCHLIESSEN

Für Leiterschaft ist Erneuerung entscheidend wichtig. Die Neugestaltung des Skeletts (insbesondere des Innenskeletts) in der Gemeinde ist grundlegende

Voraussetzung für die Mobilisierung und Neuausrichtung der Gemeinde, damit sie in ihre von Gott gegebene Berufung und Kapazität hineinwachsen kann. Schauen wir noch einmal bei Hesekiel nach, ob wir dort schlüssige Gedanken zum Thema Leiterschaft und Gottes Plan für die Gemeinde finden.

Vorher noch eine Anmerkung: Am Anfang dieses Abschnitts nimmt Hesekiel auf einen Mann Bezug. Es handelt sich um einen Engel, der Hesekiel durch dieses prophetische Bild vom Wiederaufbau des Tempels in Jerusalem geführt hatte. Zur Zeit Hesekiels hatten die Babylonier den Tempel zerstört, und die Israeliten lebten im Exil. In diesem Bild sieht Hesekiel einen zukünftigen Tempel, wie er eines Tages wieder aufgebaut wird. Interessanterweise wurde dieser Tempel tatsächlich nie wieder aufgebaut. Serubbabels Tempel wurde beidseitig an den alten Tempel wieder neu angebaut und später durch den Tempel von Herodes ersetzt. Von diesem Tempel hören wir zur Zeit des Dienstes Jesu. Hesekiel jedoch bekam dieses Bild eines zukünftigen prophetischen Tempels, eines Hauses des Herrn.

> [1]Und er führte mich zum Eingang des Hauses zurück, und siehe, da floss unter der Schwelle des Hauses Wasser heraus, nach Osten hin; denn die Vorderseite des Hauses lag gegen Osten. Und das Wasser floss hinab, unterhalb der südlichen Seite des Hauses, südlich vom Altar. [2]Und er führte mich durch das nördliche Tor hinaus und brachte mich auf dem Weg aussen herum zum äusseren Tor, das nach Osten gerichtet ist; und siehe, da floss von der rechten Seite [des Tores] das Wasser heraus!
>
> [3]Während nun der Mann mit der Messrute in seiner Hand nach Osten hinausging, mass er 1000 Ellen und führte mich durch das Wasser; und das Wasser ging mir bis an die Knöchel. [4]Und er mass [noch] 1000 Ellen und führte mich durch das Wasser; da ging mir das Wasser bis an die Knie. Und er mass [noch] 1000 Ellen und führte mich hinüber, da ging mir das Wasser bis an die Lenden. [5]Als er aber [noch] 1000 Ellen mass, da war es ein Strom, den ich nicht durchschreiten konnte. Denn das Wasser war so tief, dass man darin schwimmen musste; ein Strom, der nicht zu durchschreiten war. [6]Da sprach er zu mir: „Hast du das gesehen, Menschensohn?"
>
> Und er führte mich und brachte mich wieder an das Ufer des Stromes zurück. [7]Als ich nun zurückkehrte, siehe, da standen auf dieser und jener Seite am Ufer des Stromes sehr viele Bäume. [8]Und er sprach zu mir: „Dieses Wasser fliesst hinaus zum östlichen Kreis und ergiesst sich über die Arava und mündet ins [Tote] Meer, und wenn es ins Meer geflossen ist,

dann wird das Wasser gesund. ⁹Und alle lebendigen Wesen, alles, was sich dort tummelt, wohin diese fliessenden Wasser kommen, das wird leben. Es wird auch sehr viele Fische geben, weil dieses Wasser dorthin kommt; und es wird alles gesund werden und leben, wohin dieser Strom kommt. Und es werden Fischer an ihm stehen; von En-Gedi bis En-Eglaim wird es Plätze zum Ausbreiten der Netze geben. Seine Fische werden sehr zahlreich sein, gleich den Fischen im grossen Meer, nach ihrer Art. Seine Sümpfe aber und seine Lachen werden nicht gesund; sie bleiben dem Salz überlassen. Aber an diesem Strom, auf beiden Seiten seines Ufers, werden allerlei Bäume wachsen, von denen man isst, deren Blätter nicht verwelken und deren Früchte nicht aufhören werden. Alle Monate werden sie neue Früchte bringen; denn ihr Wasser fliesst aus dem Heiligtum. Ihre Früchte werden als Speise dienen und ihre Blätter als Heilmittel."[45]

In diesem Abschnitt wird der Tempel wieder hergestellt und neu gestaltet, und übrigens in genau derselben Reihenfolge, in der die Armee aus den verdorrten Knochen wieder hergestellt wird. Der Tempel und die Armee erhalten neues Leben durch die Neugestaltung. In Hesekiel 47 heisst es, der Tempel müsse wieder hergestellt sein, bevor das Wasser fliessen kann, genauso wie in Hesekiel 37 gesagt wird, dass die Knochen zusammengerückt und mit Fleisch und Muskeln überzogen werden müssen, bevor sie Gottes Odem empfangen können. In unserem neuen Abschnitt sah Hesekiel zuerst die Neugestaltung des Tempels. Anschliessend kommt es aufgrund der Neugestaltung zur Erneuerung; neues Leben sprudelt aus dem heiligen Ort hervor. Erneuerung entsteht dort, wo Menschen Gott begegnen, wo sie ihn anbeten und sich von Angesicht zu Angesicht mit ihm einlassen.

An diesem Ort sprudelt eine Quelle. Zuerst fliesst ein kleiner Strom aus dem Tempel, durch die Türen, die Treppen hinunter, an der Südseite des Altars vorbei. Dann fliesst der Strom nach links, aus dem Südtor hinaus. Von dort macht er eine scharfe Linkskurve und fliesst Richtung Osten. Diese Bildsprache hat für Hesekiel und die Israeliten, die seine Prophezeiung hörten, eine starke Bedeutung. Hier die Erklärung: Die Pilger betraten die Tempelhöfe immer durch das Nordtor und verliessen sie durch das Südtor.

Das heisst, dieser Strom fliesst in Richtung der Menschen, die aus der Anbetung kommen.

[45] Hesekiel 47

Wohin gelangt Gottes Leben, nachdem es in der Anbetung aufgesprudelt ist? Es geht immer nach aussen. **Der Geist, mit dem wir bei der Anbetung in Kontakt treten, den wir als Gottes Kinder empfangen und dem wir persönlich begegnen, wird uns immer in Richtung unserer Mission mit Gott führen.** Er wird uns immer hinausführen. Wenn du durch ein anderes Tor hinausgehst, verpasst du den Fluss, und du verpasst den Heiligen Geist.

Die Metaphorik hier geht sogar noch weiter.

Wir erinnern uns: Nachdem der Strom an der Südseite herausgeflossen ist, wendet er sich Richtung Osten. An dieser Stelle hätten die Israeliten beim Anhören der Prophezeiung nach Luft geschnappt. Richtung Osten zu gehen hiess für sie, sich den Feinden Gottes zu nähern. Ostwärts zu gehen hiess, Richtung Edom und in Richtung vieler anderer Nationen zu gehen, die sich gegen Gott erhoben hatten. Es hiess, sich auf das Tote Meer zuzubewegen. Hier war Gottes Urteil deutlich sichtbar, denn an dieser Stelle waren Sodom und Gomorra gemäss Gottes Verurteilung in Schutt und Asche gelegt worden.

Der Strom fliesst nach Osten durch das judäische Hochland und gewinnt zunehmend an Tiefe. Bei der ersten Messung stellt sich heraus, dass er knöcheltief ist. Das war tief genug für alle liturgisch ausgerichteten Christen, weil diese Tiefe für die Taufe von Kindern ausreichte. Dann mass der Engel noch einmal eine Strecke ab, und der Strom war knietief. Wenn du schon einmal in einem Fluss warst, der dir bis zu den Knien reicht, und dich darin bewegt hast, weisst du, dass man darauf achten muss, nicht den Halt zu verlieren. Man kann sehr leicht aus dem Gleichgewicht kommen. Es ist beinahe, als wenn einen der Fluss aufnehmen will.

Der Engel misst eine weitere Strecke ab, und das Wasser reicht bis zur Körpermitte. In einem schnell fliessenden Strom mit dieser Tiefe wäre es extrem schwierig, aufrecht zu stehen und sich zu bewegen. Dann misst der Engel noch einmal eine Strecke ab, und der Strom kann nicht mehr zu Fuss durchschritten werden. Jetzt muss man schwimmen. Je nach Wassergeschwindigkeit wird dich der Fluss dorthin bringen, wo er hin will. Zu diesem Zeitpunkt ist aber der Fluss an beiden Ufern mit Bäumen bestanden.

Dann führt der Engel Hesekiel zurück ans Flussufer. Zu Hesekiels Überraschung wuchsen zu beiden Seiten des Flusses Bäume. „Aber an diesem Strom, auf beiden Seiten seines Ufers, werden allerlei Bäume wachsen, von denen man isst, deren Blätter nicht verwelken und deren Früchte nicht aufhören werden. Alle Monate werden sie neue Früchte bringen; denn ihr Wasser fliesst aus dem Heiligtum. Ihre Früchte werden als Speise dienen und ihre Blätter als Heilmittel."[46]

Die Bäume gedeihen nur, wenn man im Wasser nicht mehr stehen kann und der Strom voll im Fluss ist. Übernatürliche Versorgung und die Vollmacht für Heilung und Wachstum treten nur dann auf, wenn unsere Füsse nicht mehr auf dem Boden stehen. Wenn wir unsere Marschrichtung nicht mehr kontrollieren können, müssen wir uns der Richtung des Flusses überlassen. Dann wird uns die beständige übernatürliche Versorgung durch den Heiligen Geist zuteil.

Der Strom fliesst ostwärts durch die Wüste ins Jordantal und gelangt dann ins Tote Meer. Das Wasser dieses Stroms wird das Salzwasser des Toten Meeres heilen und es frisch und rein machen. Dann fliesst er in die Arava hinab.

Er fliesst hinunter?

Ja, er fliesst auf fast 400 Meter unter dem Meeresspiegel hinunter. Der Fluss fliesst vom judäischen Hochland die Abhänge der Riftzone hinunter, wo auch der Jordan zu finden ist, und anschliessend Richtung Totes Meer. In der Riftzone befindet sich der grösste Wasserfall auf unserem Planeten. Er ist viermal so hoch wie die Niagarafälle und zweimal so hoch wie die Viktoriafälle. Dieses Weltwunder reicht topografisch und geografisch bis an die tiefste Stelle der Erdoberfläche hinunter.

Das Leben des Heiligen Geistes, dem wir in der Anbetung begegnen, sucht nach dem niedrigsten Ort, dem leblosesten Ort. Dorthin will der Geist Gottes Leben bringen. Dem Flussverlauf zu folgen heisst also, das Sterben in Kauf zu nehmen. Ist es erstaunlich, dass viele aus dem Fluss herausklettern werden, bevor sie daran glauben müssen?

Arava bedeutet auf Hebräisch „die grosse Depression". Der Name ist zutreffend, denn an diesem Ort erwartet einen nur der Tod. Er ist so niedrig und salzig, dass kein Leben existieren kann. Wenn aber der Strom dort fliesst, verwandelt er alles in einen Garten Eden. Alles fängt an zu leben. Fische tum-

---

[46] Hesekiel 47,12

meln sich im Toten Meer wie im Ozean. An vielen Stellen kann man die Netze auswerfen.

EINE GESCHICHTE VON DER ARAVA

Ich habe gesehen, dass so etwas passieren kann. St. Thomas besteht jetzt aus zwei Gemeinden, St. Thomas Philadelphia und St. Thomas Crookes, und überall entsteht neues Leben. Sie haben jetzt über 300 mittelgrosse Gemeinschaften. Sie alle funktionieren als missionale Gemeinschaften in den härtesten und schwierigsten Stadtteilen, die ihr euch vorstellen könnt. Sie können eine Ernte einbringen, indem sie in den Netzen der Gnade und Liebe Fische fangen.

Vor ungefähr zehn Jahren predigte ich diese Botschaft über Hesekiel in einer anglikanischen Gemeinde namens All Saints Episcopal Church in Pawleys Island, South Carolina. Wenn ich irgendwo zum Predigen eingeladen werde, entscheide ich mich normalerweise für diese Botschaft. Ich habe sie als allererste Predigt in St. Thomas gehalten und sie wurde für uns als Gemeinschaft zum theologischen Thema, das uns begleitete.

Wir folgten dem Flussverlauf, bis uns der Strom zur Arava brachte.

Dem Flussverlauf zu folgen hiess schliesslich: Da Jünger sehr gut im Aufspüren von Fischen sind, wuchsen wir schnell. Das Gebäude platzte aus allen Nähten. Wir hatten jeden Sonntag vier Gottesdienste und passten nicht mehr in die Räumlichkeiten. Wir brauchten mehr Platz. Daraufhin traf ich mich mit dem Bischof. Ich sagte zu ihm: „Wir haben das mit der Jüngerschaft ausprobiert."

Er antwortete: „Das klingt sehr interessant."

Dann meinte ich: „Könnten Sie uns vielleicht ein paar alte Gebäude geben, die hier in der Gegend von Sheffield nicht mehr benutzt werden, wie sie das in London bei der Holy-Trinity-Brompton-Gemeinde gemacht haben?"

Er entgegnete: „Nur über meine Leiche." (Vielleicht hat er es nicht genau mit diesen Worten gesagt.)

Ich sagte daraufhin: „Okay, was soll ich dann machen?"

Er sann einige Minuten darüber nach und meinte schliesslich: „Ich möchte, dass ihr aufhört zu wachsen. Halten Sie das im Zaum, was in Ihrer Gemeinde läuft, und machen Sie Ihren Job als Gemeindepfarrer."

Ich ging mit der Gewissheit in meine Gemeinde zurück, dass das kein Wort vom Herrn war. Ich wusste, dass ich es nicht mit den geistlichen Kirchenautoritäten aufnehmen wollte; vielmehr müsste ich einen Weg finden, sie zu umgehen. Damals wurde in England ziemlich viel Wirbel darum gemacht, wenn man Leute aus der geografischen Kirchengemeinde irgendwo anders hinbrachte. Man durfte nur in einem bestimmten Gebiet tätig sein, und die meisten Bischöfe waren leider mehr an Kontrolle und Ordnung interessiert als am Gewinnen neuer Menschen für das Reich Gottes.

Wir wuchsen also, hatten nicht genug Platz, und der Bischof dieser Gegend wollte uns nicht helfen. Wir beteten über Wochen und suchten nach einem grösseren Raum. Dann fanden wir eine grosse Sporthalle im Stadtzentrum. Ich erkundigte mich in aller Ruhe bei einigen Pastoren, auf welchem Kirchengemeinde-Gebiet das Gebäude lag und fand heraus, dass es zur Kathedrale gehörte. Ich erläuterte dem Bischof schriftlich unsere Absichten und fragte an, ob ich mit ihm darüber sprechen könnte.

Zu unserer Freude erklärte er seine Gesprächsbereitschaft.

Als ich zu dieser Unterhaltung ins Bischofsbüro kam, erwarteten mich dort der Bischof, der stellvertretende Bischof, zwei Erzdiakone und der Dekan der Kathedrale. Sie wollten mich offensichtlich einschüchtern. Sie stellten eine Frage nach der anderen und teilten mir im Wesentlichen mit: Wenn ich das machen würde, wäre es Rebellion.

Was sollte ich machen? Ich fühlte mich ein bisschen wie Petrus vor den Sanhedrinern. Sollte ich den Menschen gehorchen oder dem Eindruck, dass Gott zu mir sprach? Diese Frage laut zu äussern würde zu arrogant daherkommen, vor allem in den Ohren der vor mir versammelten anglikanischen Elite. Da gab Gott mir eine Idee. Ich frage den Bischof, ob er mir erlauben würde, die Sporthalle als „Experiment" zu benutzen. In England versteht man normalerweise unter einem Experiment eine gute Idee. Im Laufe der Jahre bin ich mit Orgeln und Stühlen umgezogen und habe Räume neu eingerichtet — immer wieder für eine experimentelle Phase. (Einige dieser „Experimente" dauern immer noch an!)

Die Gruppe wusste in diesem Augenblick, dass ich keinen Rückzieher machen würde. Die Option mit dem Experiment war ansprechend und wies in die richtige Richtung. Alle stimmten zu. Und damit war der Grundstein für sämtliche missionalen Gemeinschaften gelegt, die später aufgrund dieser einen Entscheidung entstehen sollten.

Im Schnellvorlauf ein paar Jahre später: Interessanterweise unterschrieb die englische Königin an dem Tag, als ich ins Flugzeug Richtung USA stieg, eine Weisung mit der Aussage, es handle sich bei diesem Experiment nicht mehr um ein Experiment, sondern um das erste Beispiel der neuen Gemeindeordnung, nach der Christen auch in den Gemeinden anderer Gemeindebezirke teilnehmen konnten. Sie unterschrieb diese Weisung persönlich an meinem Abreisetag.

Ich kann euch Folgendes sagen: Diese 10 Jahre waren wirklich hart, aber heute ist der Fluss in der Aravar.

Als Prostituierte in Sheffield war es wirklich schwierig, zu Jesus zu finden, weil es keinen Zugang zum Leib Christi gab. Als armer Mensch und mit einem nicht christlichen Hintergrund über mehrere Generationen war es sehr schwierig, Christ zu werden. Als normaler Mensch mit Lasten, die das Leben mit sich bringt, war es schwierig, jemanden zu finden, der einem zuhörte, für einen auf der Strasse betete und heilende Berührung brachte.

Heutzutage ist das viel einfacher. Allein in den letzten 6 Monaten sind 700 Menschen, die vorher nie einen Fuss über die Schwelle der Gemeinde gesetzt hatten, Christen geworden, weil die Gemeinde dem Flussverlauf in die Aravar gefolgt ist. Die Kriminalitätsrate nimmt ab.

Die Aravar erwacht zu neuem Leben, und man kann an vielen Orten Netze aushängen und Fische einholen.

Warum? Der Grund liegt darin, dass die Gemeinde eine neue Richtung eingeschlagen hat, obwohl das eine schockierende Wirkung hatte. Sie folgte dem Flussverlauf nach Osten zum grossen Wasserfall, der beim Überqueren den sicheren Tod bedeutete und sie in eine grosse Depression führen würde. Dort merkten sie dann, dass nicht nur ihr Leben bewahrt wurde, sondern auch andere Leben empfingen. So startet der Erneuerungsprozess in der Aravar von Sheffield immer wieder neu.

WIE LAUTET DEINE GESCHICHTE?

Stell dir vor, wir gehen mit dem Schnellvorlauf zehn Jahre in die Zukunft.

Anstatt unser Verständnis dessen, was es heisst, Gemeinde zu sein, zu ändern und unsere missionale Berufung zum Jüngermachen auszuleben und zu sehen, wie das Reich Gottes auf der Erde anbricht, sind wir auf der sicheren Seite geblieben. Wir haben uns auf einen steilen, unvermeidlichen Abstieg eingelassen. Wenn wir das machen, wird die Aravar nach Amerika kommen. Wir sehen das schon jetzt.

Wir verpassen dann die Generation Y, die schon jetzt mehr Vertreter zählt als die gesamte Generation der Baby-Boomer, die bisher die zahlenmässig grösste Generation in der Geschichte war. Stell dir eine Welt vor, in der nur 4 Prozent der Baby-Boomer Christen wären. Amerika würde genauso aussehen wie Europa heute, weil genau das in Europa der Fall war. Eine Generation ist verloren gegangen.

Heutzutage findet man in den USA an einem beliebigen Sonntag nur 4 Prozent der Generation Y in einem Gottesdienst. Sie sind auf dem Weg, zur fehlenden Generation zu werden.

Aber unter der Führung des Heiligen Geistes und mit neuen Vorstellungen über Jüngerschaft und missionale Leiterschaft muss es nicht so sein.

Ich möchte euch sagen: Die Geschichte vieler Tausend Leute in Sheffield, in den USA und mittlerweile auf der ganzen Welt kann eure Geschichte sein. Diese Art von Mission zu leiten, dazu seid ihr berufen. Ihr seid dazu berufen, eine Reformation zu leiten, der die Neugestaltung des Leibes zugrunde liegt. Ihr seid dazu berufen, mit diesem Leib eine neue Richtung einzuschlagen und mit ihm zu den Absichten, die Jesus für ihn hat, unterwegs zu sein. Ihr seid dazu berufen, Menschen im Suchen nach Gott und seiner erneuernden Berührung anzuleiten, sodass sie die Kraft und das Leben empfangen, um zu tun, wofür sie berufen worden sind.

Das kannst du aber nur machen, wenn du als missionaler Leiter andere missionale Leiter multiplizierst. Um diesen Unterschied auszumachen, musst du Leiter mit Charakter und Kompetenz rekrutieren und sie in der Leiterschafts-Pipeline durch den Jüngerschaftsprozess führen. Das geschieht durch kontinuierliche Schulung, Einsätze und gemeinsame Auswertung. Langsam entsteht so ein Leiterschaftshaushalt … eine Familie. Du musst Leiter aus allen fünf Bereichen des fünffältigen Dienstes finden und sie darin unterstützen, nicht nur in ihrem Grunddienst zu wachsen, sondern auch phasenweise in den anderen vier Diensten tätig zu sein. Ihr werdet zusammenarbeiten müssen, um den Bund und die verschiedenen Kapitalformen in Einklang zu bringen, und ihr müsst euch zusammen für den Wortschatz entscheiden, die euch gemeinsam in die Mission führt, zu deren Erfüllung euch Gott beruft. Solche Leiter sollen unter uns immer und immer wieder multipliziert werden. Das wünschen wir uns, und das brauchen wir.

Umgestaltung und Erneuerung können in dir und in deiner Umgebung geschehen, genauso wie in Aravar und Sheffield und an anderen Orten weltweit im Laufe der Jahrhunderte. Wie wir am Anfang dieses Abschnitts schon gesagt haben: **Es soll auch zu deiner Geschichte werden — einer Geschichte, in der missionale Leiter, die das Volk Gottes zu seiner Bestimmung führen können, geformt und multipliziert werden**. Wir wollen uns Jesus, Paulus und vielen anderen durch die Multiplikation von missionalen Leitern anschliessen. Wir wollen Gott bitten, dass er in unsere Geschichten auch Erneuerung und Neugestaltung und eine grosse Ernte hineinlegt.

www.ingramcontent.com/pod-product-compliance
Lightning Source LLC
Chambersburg PA
CBHW070542090426
42735CB00013B/3052